JN059512

CROSS-BORDER M&A

手続概要と
実務のポイントがわかる

クロスボーダー
M&Aの
プロセスと法務

村田晴香 著

三浦法律事務所 パートナー 弁護士

中央経済社

はしがき

　本書は，クロスボーダー M&A を扱う企業の法務担当者が押さえておくべき案件の基本的事項と実務上のポイントを，短時間で学ぶための書籍です。日本企業が，海外企業に対して買収や出資を行うことを想定した記載となっていますが，海外への売却や海外からの出資を受ける際にも役立つものとなっています。

　クロスボーダー M&A は，決まった法制度を学べば対応できるというものではなく，多数の国・分野の法規制と案件ごとに生じる固有の問題点への対応が必要となるため，クロスボーダー M&A における法務担当者の実務について包括的に書籍にするのはなかなか困難です。実際このような観点から作成した書籍は多くないように思います。

　他方で，初めてクロスボーダー M&A に関与する企業の法務担当者であっても，あらかじめ案件全体の大枠を把握し，陥りやすいポイントさえ押さえておけば，周囲のアドバイザー達を使いこなして，驚くほど効率的に案件を遂行していくことも可能です。

　この点，クロスボーダー M&A 案件では手続全体を踏まえ，前倒しで対応していくことが重要です。本書第 1 章では，典型的なクロスボーダー M&A 案件の手続の流れを説明しています。複雑な事項は捨象し，最低限知っておくべき基本的な流れを記載しているので，一度読むだけでプロセス大枠のイメージをつかむことができると思います。

　また，法務担当者としてクロスボーダー M&A を担当する際，レビューをすることが求められる書面がいくつかあります。見慣れない書面であることや英文であること等から苦手意識をもってしまう場合もあるかもしれません。しかしこれらの書面のレビューも，あらかじめ典型的な概要を理解した上で，実務上注意すべきポイントを押さえておけば，効率的に必要な確認をすることができます。本書第 2 章では，これらの典型的な書面の概要を説明した上，実務上外せない観点や見落としがちなポイントについて解説しています。

　第3章以降は，Q&Aの形で実務上気をつけるべき論点を網羅的に解説しています。クロスボーダーM&A案件を効率的に扱うには，法的知識に加え経験とノウハウが必要ですが，法律書籍ではなかなか学びづらいものです。他方で，これらの知識は案件成功のためには重要な点でもあり，筆者も様々な機会に案件のコツをお話してきました。今回，そのような場でお会いした中央経済社様に内容を書籍化してほしいというお話をいただき，本書出版に至りました。多くのご支援をいただき感謝しております。

　本書は筆者が長年クロスボーダーM&Aをサポートしてきた経験をもとに，企業の法務担当者の目線から実務に即役立つ情報を盛り込んだものです。本書が，日本企業によるクロスボーダーM&Aの場面で少しでも役立つことを願ってやみません。

2023年10月

弁護士

村田晴香

目　次

第3章

第5章

表明保証保険の実際 ———————————————————— 179

第6章

デューデリジェンスのギモン ———————————————————— 195

第 **1** 章

クロスボーダー M&A 手続の流れ

Buyerを取り巻く当事者

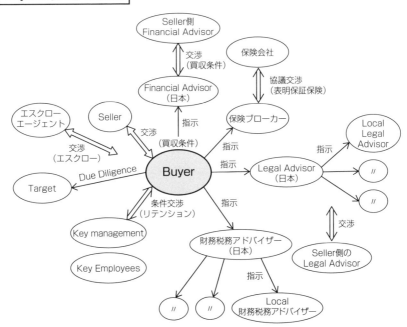

1 対象会社の特定

> **ざっくり概要** 👆
>
> 　対象会社との個別連絡を開始する前提として，検討対象となる対象会社候補を特定する必要があります。常時対象会社を探索，比較検討している企業も多い一方，たまたま取引先からよいopportunityが舞い込むこともあり，対象会社候補を特定してから個別協議開始までの期間は様々です。

　M&A案件は，まず買収対象となる可能性のある会社の探索から始まります。買収検討の候補となる対象会社の発掘にはいろいろなルートがあり得ます。証券会社からの持ち込み案件もありますし，対象会社が買収会社の既存の取引先であったり，その紹介の場合もあったりします（買主を探す必要が生じた場合に，よく知った相手にまず声をかけるのはままあることです）。

　また，M&A案件にはオークション案件と相対取引案件があります。オークション案件とは，売主側が複数の買主候補に声をかけ，これらの買主候補から価格その他の条件の入札を受け，比較検討して買主を選んでいくオークションの手続を行うものです。ただし，競合買主候補の条件は開示されませんし，オークションといっても物品のオークションと異なり売主側が必ずしも価格の高いほうを選ぶものでもありません。あくまで売主が種々の条件を考慮した上でよりよい買収先を探すための手続です。相対取引案件とは，オークションのような公の入札手続を開催せず，潜在的買主と個別に交渉するものです。なお，オークション案件であっても実際は入札に参加するのが1社のみという場合もありますし，相対取引案件であっても，売主が複数の買主候補と協議をしている場合もあります。

　オークション案件の場合は，普段から親しくしている証券会社から紹介を受けたり，海外のバンカーから飛び込みで持ち込まれたり，仲介する専門の会社を通じて検討を開始することが多いです。これに対して相対取引案件は，仲介

者を通じたルートの他，既存の大口取引先であるなどすでに土地勘を持つ業界で一般に情報が出回る前に打診を受け検討を開始することもよくあります。

　公開されている情報から興味ある買収対象候補が特定されたら，案件を進めるかどうかをさらに検討するために，公開されていない情報の提供を受けることが必要です。そこで買主側企業が，対象会社の未公開情報の共有を受けるため，通常秘密保持契約（Non-Disclosure Agreement（NDA））を締結します。この段階で法務担当者は潜在的な買収案件の共有を受け，NDAのレビューを求められることが多いと思います。

　非公開情報の提供方法として，売主候補が作成することが多いのが，対象会社の概要を説明した書面（TeaserやInformation Memorandumと呼ばれます）です。相対取引の場合，作成されないこともありますが，オークションの場合は通常，売主側でTeaserやInformation Memorandumを作成し，興味がありそうな買主候補に回付してオークション参加者を募集します。筆者のようなクロスボーダー M&Aを専門に扱っている弁護士の場合，海外のファイナンシャルアドバイザー（FA）や法律事務所から直接TeaserやInformation Memorandumに興味のありそうな企業を知らないかと問い合わせを受けることもあります。NDA締結後に買主候補企業はこれらの情報提供を受けることになります。

　売主側ですでに自らデューデリジェンスを行い，その結果を記載したデューデリジェンスレポートを準備している場合もあります（Vender Due Diligenceと呼ばれます）。この場合当該レポートの提供をうけることもあります。

　この段階では相手方とのやりとりを自社で行うこともありますが，双方のファイナンシャルアドバイザー（FA）が仲介していることも多いです。FAは，大手証券会社や国内外ブティック系ファームに所属していることが多く，売り案件を買主候補企業に提案し進めることになった場合には，案件のスケジューリング，相手方との調整，対象会社のバリュエーション等を行う外部アドバイザーです。日本企業による海外企業の買収では，売主側には現地のFAが，買主側には現地および日本のFAまたは日本のFAのみがつくことが多いです。なお，財務会計デューデリジェンスのために起用される会計事務所もファイナンシャルアドバイザーと呼ばれることがありますが，当該アドバイザーとは役割

が異なります（もっとも同じファームが担当することもよくあります）。

　FAから案件の紹介を受けた場合には，紹介したFAが引き続き案件の実行を担当するのが通常です。紹介案件でないケースでFAを起用する場合，会社がFAの選定を行うことになります。大手金融機関の専門部署や会計事務所系に加え，多数のブティック系事務所が存在し，それぞれに特徴があるので，複数と協議し費用の見積りをとった上で自社に合うFAを選定することが望ましいです。筆者もそれぞれの案件に適切なFAの紹介を頼まれることも多く，普段から親しくしているFAをご紹介することもあります。

　外部弁護士は，Legal Advisor（LA）と呼ばれます。LAは，法務デューデリジェンス，契約作成交渉等の法務事項全般について対応します。日本企業による海外企業の買収では，売主側には現地のLAが，買主側には現地および日本のLAがつくことが多いです。LAの起用はFAよりも少し遅れて，次項のLOI締結やビッド提出の段階であることが多いようです。

　こうして初期的な情報提供に基づき潜在的買収対象としての対象会社をある程度特定できた場合には，次のステップとして対象会社との個別協議を開始します。

【オークションの流れの一例】

情報入手

  —Information Memorandum ／ Teaser入手

  —Vender DD reportがあれば確認

  —Process Letterの確認

1st Bid

  —Non-Binding offerの提出

  —Bid結果の通知

  —Process Letter(2nd Bid)の確認

2nd Bid

  —SPA Markupの提出

  —Binding Offerの提出

  —Bid結果の通知

  —Exclusing交渉

デューデリジェンス

契約交渉

サイニング

2 　初期的検討

> ### ざっくり概要✍
> 　ある程度買収の現実的可能性のある対象会社候補を特定した後，売主との初期的なコミュニケーションを開始します。その中で買収の大枠の目線合わせを行い，デューデリジェンスを開始することを合意し，法的拘束力のないLOIを締結します。本格的な契約交渉を開始する前段階の協議は数週間〜1.5カ月程度であることが多いです。

(1)　相対取引案件の場合

　多くの場合，対象会社との個別協議を開始する最初のステップとして，本件を進めることの確認およびその概要を記載したLetter of Intent（LOI）を締結します。デューデリジェンス開始に伴い外部のアドバイザー費用などまとまった金銭が発生するので，買主としては，その前提としてLOIによりある程度相手方と当該案件についての目線合わせをしておくことは重要です。

　LOIは一定の条項（守秘義務やLOIの有効期間等）を除き法的拘束力がないことを明示することが通常ですが，売主が一定期間は当該買主以外の買主候補と交渉しない義務を負うという規定（独占交渉権，Exclusivityと呼ばれます）が法的拘束力のあるものとして規定されることもあります。LOIはその後の契約交渉への影響も大きいので外部のLAにレビューを依頼することが望ましいです。

　この段階で，契約の主要条件を記載した表（Term Sheetと呼ばれます）を作成し，契約書の主要な点について売主と買主の間で協議を開始することもあります。

⑵ オークション案件の場合

　オークション案件の場合，個別協議の開始はオークションへの参加を意味します。

　売主側から提供されたTeaser やInformation Memorandum をもとにオークションに参加することを決めた場合，売主側FAからその手続を記載した書面（Process Letterと呼ばれます）が交付されます。この書面には，オークションのスケジュールや必要な提出書類，注意事項等が記載されています。オークション参加者はProcess Letterに従いオークションに参加します。

　オークションの中で各買主候補が提出する提案をビッドといいます。ビッドの提出は2段階とされていることが多いです。この場合，Process Letterは，各段階ごとに提示されます。

　1回目のビッドをFirst Bid，2回目のビッドをSecond Bidといいます。First Bidで選出された買主候補のみSecond Bidを提出する機会を与えられます。

　First Bidでは，主にTeaser やInformation Memorandum を検討した上，初期的な価格およびその他主要条件の提示を求められます。デューデリジェンス等詳細な情報検討をしていない段階ですので，当該提案は法的拘束力がないことを明記した形（Non- Binding Offerと呼ばれます）で提出します。

　First Bidに通過すると，対象会社に対してデューデリジェンスを行う機会が与えられます。また，売主側が準備した株式売買契約書のドラフトの提示を受けます。Second Bidに通過するのは1社または複数の場合でも2，3社であることが多いです。

　Second Bidでは，デューデリジェンスの結果を踏まえ，より詳細な検討を加えた価格および条件の提示が求められます。そのため，Second Bidでは法的拘束力を有する形（Binding Offerと呼ばれます）でビッドを提出します。この際売主が提示する買収契約書のドラフトに買主が希望する修正を加えたもの（Markupと呼ばれます）を提出することを求められます。

　なお，各契約書に関して相手方との協議の中で略称で呼ばれることがあり，

円滑な協議のため略称を知っておくことは有益です。そのため，ここで典型的な買収契約の名称および略称を記載しています。

> - SPA（Share Purchase Agreement）：買収が株式取得である場合の買収契約書（株式売買契約書）。
> - SHA（Shareholder Agreement）：買収が株式の一部取得である場合に残存株主との間で締結される株主間契約書。
> - SSA（Share Subscription Agreement）：買収が新株発行形態である場合の買収契約書（新株発行契約書）。
> - Merger Agreement：買収が合併形態である場合の買収契約書（合併契約書）。
>   ※少数株主が多数存在し，個別の同意なくして100％取得を実現する必要がある場合等に採用されます。米国等では小規模な案件であっても合併手続が採用される場合も多いです。

3 デューデリジェンス

ざっくり概要 🖐

LOIやFirst Bid提出により，法的拘束力を有しない形であっても書面により案件大枠の目線を確認した後，買主によるデューデリジェンスを行います。この段階で買主側に大きな時間および費用の負担が生じます。デューデリジェンスの期間は1〜1.5カ月程度であることが多いです。

LOI締結（相対取引案件の場合）またはFirst Bid通過（オークション案件の場合）の後，買主による対象会社に対するDue Diligence（DD）を行います。多くの場合，ビジネスDDは買主自身で行い，財務DD，税務DD，法務DDは外部の会計事務所および法律事務所が行います。その他業界や案件の性質により環境DD，保険DD等が外部のアドバイザーにより行われる場合もあります。知財DDを行う場合，買主自身により行っていることが多いように思いますが，知的財産が重要な価値を占める対象会社の場合などは外部に依頼する場合もあります。

DDでは，Virtual Data Room（VDR）と呼ばれるオンライン上の書面提供ツールに格納された書面の他，対象会社マネジメントによる対象会社と事業概要のプレゼンテーション（Management Presentationと呼ばれます）や対象会社の役職員に対するインタビュー（Management Interview/DD Interviewと呼ばれます）も行われます。

【法務デューデリジェンスの流れ】

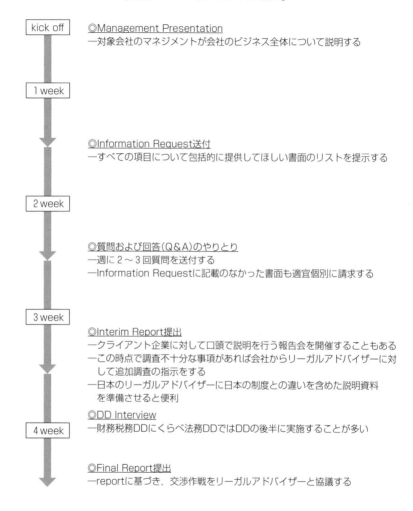

kick off ◎<u>Management Presentation</u>
―対象会社のマネジメントが会社のビジネス全体について説明する

1 week

◎<u>Information Request送付</u>
―すべての項目について包括的に提供してほしい書面のリストを提示する

2 week

◎<u>質問および回答(Q&A)のやりとり</u>
―週に2～3回質問を送付する
―Information Requestに記載のなかった書面も適宜個別に請求する

3 week

◎<u>Interim Report提出</u>
―クライアント企業に対して口頭で説明を行う報告会を開催することもある
―この時点で調査不十分な事項があれば会社からリーガルアドバイザーに対して追加調査の指示をする
―日本のリーガルアドバイザーに日本の制度との違いを含めた説明資料を準備させると便利

◎<u>DD Interview</u>
4 week ―財務税務DDにくらべ法務DDではDDの後半に実施することが多い

◎<u>Final Report提出</u>
―reportに基づき，交渉作戦をリーガルアドバイザーと協議する

4 契約交渉

ざっくり概要 👆

　オークションではSecond Bid提出後，相対取引ではデューデリジェンスの中盤頃から，売主との契約交渉が始まります。契約交渉に要する期間は１〜1.5カ月が通常です。

　契約書のイニシャルドラフトは売主側で準備することが多いです。その場合，契約交渉は，買主側が売主側ドラフトにmarkupをし，これに対して売主側が再度交渉したいポイントについてmarkupをするといった，markupによるやりとりを数回行います（なお，相対取引の場合には買主側が契約書のイニシャルドラフトを提供し，売主側が第１回markupを行うこともあります）。

　この過程で論点を絞り，ある程度ポイントが絞られた段階で対面（昨今はオンラインによる場合が圧倒的に多いです）による契約交渉を行います。多くの場合，売主買主当事者である企業とその弁護士が参加します。対面交渉では，外部の弁護士が都度論点リストを作成したり，弁護士間で事前調整を行ったりと効率的に交渉を進めるよう種々工夫をしてもらうべきです。

5　契約書のファイナライズ

ざっくり概要 👆

　当事者間で主要論点に合意できた後に双方の弁護士間で契約書の細部を詰めファイナル化する必要があります。この作業に数日を要します。

　契約書の内容について当事者間で大方合意ができると，弁護士間での契約書のファイナル化作業を行います。具体的には，細かい文言について弁護士間で調整し，最後に参照条文やタイポ等を確認します。この過程で，契約交渉の際に合意しなかった細かい論点（例えば，送金口座を決定して知らせるタイミングやクロージング時に引き渡す書面の引き渡し方法，実行前提条件とした事項の具体的な履行方法等）が出てくることが多く，基本的には双方の弁護士間で対応しますが，適宜各当事者の指示を仰ぎ，場合によっては当事者を含めて電話会議で話し合いを持つこともあります。

6 署 名

> **ざっくり概要** 🖐
>
> 契約書が完成した後はいよいよ署名です。事前に当事者間で決めた日に行います。

　契約書が完成した後，署名手続を行います。署名は最近ではPDFや電子署名で行われることが少なくありませんが，国によっては，PDFでの署名の際に契約全体をemailに添付しなければ無効になってしまうなど，一定の締結手続の履行が厳密に要求されることがあるので注意が必要です。

　署名時には，取締役会決議等社内で適切な手続を経ていることを示す書面，例えば取締役会決議議事録等（この種の書面はCorporate Documentsと呼ばれます）を求められることが多いです。日本企業の場合，対象会社所在国と形式や内容が異なることも多く事前の調整が必要です。

　また英国や香港をはじめとする国では契約署名者の署名権限の証明を求められることが通常です。欧州の会社相手の場合，会社からの公証済委任状（Notarized POAと呼ばれます）を要求されることが多いですが，日本の公証文言は多くの国に比較し軽いものであることや登記の記載が十分でないとされる場合も多いことから，相手方によっては，公証済委任状だけではなく別途の対応が必要になることがあります。

　さらに，契約の相手方である売主が外国の会社である場合，日本の公式書面で買主の設立を確認することが難しいため，買主の設立や権原その他の事項について，買主側日本法弁護士によるLegal Opinionの提出を求められることもあります。国際取引では典型的な内容はあるものの，どこまでオピニオンを求めるのかは案件によるので，日本弁護士と相手方弁護士の間で適切な内容を交渉の上合意することが必須です。内容について合意ができていないと署名時にトラブルになり得ますため，弁護士間でしっかり調整してもらうことが重要で

す。この手の取引に慣れている弁護士であれば，要領よく対応してくれるはずです。

　実際の署名手続では，各当事者は締結書面の署名ページを自らの弁護士に送り，弁護士は各必要書面および署名が完了していることを示すため相手方弁護士に対してこれを送付しますが，このとき「エスクローの形で送付する」ことを明示します。上記は法的には，確認のため書面を送っているものの，署名の効力を生じるものではなく，改めて署名をする旨の連絡（**リリース**と表現します）があるまで当該効果は生じないということを意味しています。双方署名の準備が整ったことを両者の弁護士が確認した上で，署名をリリースしその時点で契約締結となります。このようなアレンジをEscrowと表現します。損害賠償請求権の担保のため，売買代金の一部を第三者に預けておくアレンジもEscrowと呼びますが，別の事項であるため注意が必要です。最近では電子書面が付与され，これを利用するケースも急増していますが，その場合，署名者のスケジュール調整など，別の配慮が必要になります。

　また，ドイツなど契約書の署名に公証が必要で長時間を要する国もあるので注意が必要です。

7　クロージング

ざっくり概要🖐

　条件が整った後代金の支払を行います。契約署名日と別の日である場合も同じ日である場合もあります。

　買主が売買代金を支払い，売主が（あれば）株券等を引き渡し，株式取得を完了する手続をClosingまたはCompletionといいます。

　クロージング時に双方が提供すべき書面は前日までに双方の弁護士が内容を確認の上準備します。伝統的には，前日に片方の弁護士事務所に集合し，あらかじめ前日に弁護士間で実行前提条件（Condition Precedent（CP）と呼ばれます）やプリントアウトしたクロージング時に締結または相手方に渡す書面（Closing Deliverableと呼ばれます）を確認し（クロージングの前日に行う書面確認の作業はPre-Closingと呼ばれます），当日には各当事者が署名すべき書面に署名をし，双方に提供すべき書面を交換するという形で実際に立ち会って行っていましたが，昨今はメール上のみで確認し，オンラインでクロージングを行うことが多いです。同時履行を確保するため先方に提供すべき書面や署名ページは自分側弁護士にEscrowとして預けられ，着金が確認できた段階でリリースされます。

　多くの場合，クロージングと同日付で対象会社の株主総会を開催し，買収者側の取締役を任命し，第1回取締役会を開催します。その際必要な場合には定款の変更等の手続も行います。

8 記録保管

　クロージングが完了すると，弁護士事務所に依頼して，案件の資料一式を記録用に準備してもらいます。最近はUSBやCD-ROMで作成されたり，クラウド方式で提供されたりすることがほとんどです。このような記録一式は，Closing BinderやBible等と呼ばれます。クロージング後に紛争が生じた場合やポストクロージング（PMIと呼ばれます）で必要となることがあるので，すべての書面を整理した形で保管しておくことが重要です。

9　表明保証請求

　前項までで買収は完了しますが，買収後表明保証違反が発覚した場合には，売主に対して表明保証違反に基づく請求を行う必要が生じます。また，表明保証保険を付している場合には保険金の請求を行う必要があります。これらの手続には期間制限等があるので注意が必要です。

【表明保証保険：取得プロセス】

見積り依頼
* ＊ブローカーを通じて複数の保険会社に依頼
* ＊以下の書面を提出
  * ―SPAドラフト
  * ―Information Memorandum/Teaser
  * ―対象会社の財務書類

約1Week

見積り取得
* ＊各社から以下を含む主要条件の提示を受ける
  * ―保険料
  * ―限度額
  * ―リテンション額
* ＊アンダーライティング手続に入る1社を選定する
  * （この時点でフィーが発生する）
* ＊条件検討にあたりリーガルアドバイザーなどからマーケット状況を含む
  アドバイスを受けるべき

EL締結
* ＊アンダーライティングフィーの支払
* ＊以下の情報を保険会社に提供
  * ―各種DDレポート
  * ―SPA交渉の状況(適宜ドラフトをアップデート)
  * ―VDRのアクセス権

詳細条件提示

Policy Draft提示
* ＊保険会社とのカバー範囲やpolicyの内容について交渉を開始する
* ＊policy draftのmarkupを数回行うことが多い

約2～2.5Week

Underwriting Call
* ＊事前にアジェンダや質問事項が提示されることが多い
* ＊英語で以下のセッション等について計2時間程度行われることが多い
  * ―全般
  * ―ビジネス
  * ―法務
  * ―財務税務
  * ―環境
* ＊会社担当者，FA，法務・財務・税務アドバイザーが出席

Policy署名
* ＊サイニングまでに完了すべき

〜買収後の心和むエピソード

コラム①

　欧米の企業を買収した場合，文化の違いに苦労するという話をしばしば聞きます。たしかに，休暇の取り方や会社への帰属意識，転職への考え方等日本も変わってきたとはいえ，特に伝統的な文化を持つ日本企業の場合，違いを感じることも多いようです。

　他方で違う文化だからこそ心和むお話をおうかがいすることもあります。古くからある日本の製造メーカーのお話ですが，ある欧州の企業を買収した後，PMIの中で企業文化の融合も図ろうと，対象会社の社長と頻繁に連絡や交流をするよう心がけておられました。対象会社の社長も製造畑出身で，日本の製造業の姿勢に共感があったこともあり，買収後関係を深めていったようです。

　その後対象会社の社長と，筆者も業務上連絡を取る機会があったのですが，その際原地語のメールの署名欄の末尾に日本語で「よろしくお願いいたします！」と記載があり，そのような署名は見たことがなかったので，驚くとともになんだかうれしくなったのを覚えています。後日，日本企業（製造メーカー）とお話しした際，対象会社では，レクリエーションとして日本文化セミナーを開催したり，会社行事に日本の風習を取り入れたりと日本企業の傘下に入ったことで新たな取組みを始めたようで，従業員の反応も上々ということを話されていました。

　筆者がクロスボーダー M&Aをサポートしたいと思ったきっかけは，日本企業の姿勢や企業文化に感銘を受け，そのよいところを世界に発信できたらということでした。このように経済だけでなく，文化でも交流されているお話をうかがうと心が温まります。

第 **2** 章

主要書面の作成プロセスと法的留意点

【クロスボーダー M&Aの主要書面および外部アドバイザリーラインのタイミング】

主要書面	リテインする外部アドバイザー	スケジュール
対象会社の特定		
*Information Memorandum/Teaser *Vender Due Deligence report	Financial Advisor	kick off
NDAの締結		
*Non-Disclosure Agreement	Legal Advisor 財務税務Advisor	2 〜 3 week
LOIの締結　TS交渉		
*Letter of Intent *Term Sheet	保険ブローカー 保険会社 エスクロー agent	3 〜 4 week
Due Deligence　DA交渉		
表明保証条項の交渉　エスクロー設定		
*Due Deligence report *Share Purchase Agreement *Asset Purchase Agreement *Shareholder Agreement *Policy *Escrow Agreement		
サイニング		
CP対応		5 〜 6 week
クロージング		
*Closing Check List		

　M&A案件全体を通じ法務担当者は各段階で登場する書面をレビューすることが求められます。もちろん個別の案件ごとの検討が必要ですが，タイトなタイムラインの中これらの書面を効率的にレビューするためには，一般的にどのような目的で作成される書面なのかおよび書面の概要と注意点をあらかじめ知っておくことが有用です。本章では，ディールプロセスの中で確認が必要な主要書面について，作成のタイミングと一般的なドラフトプロセスを説明した上，その概要と法務の観点から留意すべきポイントを解説していきます。

1 Non-Disclosure Agreement(NDA)

(1)　必要となる場面とタイミング

　買収対象候補となる会社に関して，登記やウェブサイトなどに公開されている情報以上の情報を入手する場合には，売主側から事前に秘密保持を定めた守秘義務契約（Non-Disclosure Agreement）の締結を求められます。

　Non-Disclosure Agreementは対象会社の情報開示を求められた段階で，売主側でドラフトの上，買主に対して提示することが多いです。買主側は，これを確認し，必要な修正を入れ，両者交渉の上合意したものを締結します。

　後述のとおり，Non-Disclosure Agreementは比較的簡単な契約ですが，実務上売主側の作成するドラフトのレベル感も様々ですし，過度な要求は受け入れるべきではありません。他方でNon-Disclosure Agreementの締結が求められる場面では，買主側としては速やかにこれを締結し対象会社の情報を早く入手したいという状況にあることが多いです。そのため，厳格になりすぎてNon-Disclosure Agreementの交渉に時間をかけるより，一定程度柔軟な対応をするということも必要であり，バランス感覚をもってレビューすることが必須な書面でもあります。

　目安として，ドラフトの提示を受けてから数日で締結するイメージです。

1 Non-Disclosure Agreement（NDA）　23

(2)　**主な内容**

　Non-Disclosure Agreement は受領した情報を第三者に開示しないという約束を規定することが主な目的の契約です。

　主な内容は以下のとおりです。

- 買主が対象会社の買収を検討しており，そのため一定の情報開示が予定されていること
- 守秘義務の対象となる情報（Confidential Information）の定義
- 情報受領者は，Confidential Informationを予定されている取引の目的以外に利用しないこと
- 情報受領者は，第三者にConfidential Informationを開示しないこと
- 例外的に開示できる場合（法令により求められる場合等）
- 受領した情報の返却，破棄に関する規定

　項目サンプルは以下のとおりです。

Article 1 . Purpose

Article 2 . Definition of Confidential Information

Article 3 . Obligation of Confidentiality

Article 4 . Term and Termination

Article 5 . Governing law and Dispute resolution

Article 6 . General Provisions

---

(3)　レビューでの注意点

・義務の主体

　買収の検討段階では，通常，買主がInformation Memorandumやデューデリジェンス等により対象会社の情報を入手することが想定されています。そのため買主から提示されるNon-Disclosure Agreementは，買主側のみが義務を負う形となっていることもあります。

　しかし，Non-Disclosure Agreementは少なくとも最終的な買収契約締結までは両当事者に適用されるものです。交渉の後半段階では，シナジーを検討する協議の中などで，買主側の事業関連情報を売主側に提供することもあります。また買主側としては，対象会社の買収を検討していることやNon-Disclosure Agreementを締結したこと自体について，第三者に開示されることは望ましくない場合も多いと思われます。そのため，一方的に義務を負う形になっている場合，双方向に修正を求めるのが望ましいです。

・開示が許容される範囲

　法令により強制される場合や裁判所等に求められた場合，自社の役職員に予定される買収の検討に必要な範囲で開示する場合，予定される買収に関して起用するアドバイザーに開示する場合等には例外的にConfidential Informationを開示できるとされていることが通常です。買主側は情報を受けとる側となる場面が主なので，先方提示のドラフトではこのような除外がされていないこともあり，その場合，修正を求める必要があります。

　また一般的な事項に加え，当社の事情に鑑み開示を可能としておく事項があるかも検討する必要があります。例えば，買収の可否の検討を対象会社が所在する国にある子会社と共に行う場合には当該子会社との情報共有を可能にしておく必要があります。

・期間

　一般的な守秘義務契約と異なり，M&Aを前提としたNon-Disclosure Agreementは，買収契約が締結された場合には当該買収契約の守秘義務条項に代替されるため，その時点で効力を失うとするのが合理的です。また，契約期間を明示していないドラフトも散見されますが，いつまで義務を負うのかという点は重要ですので確認すべきです。

・競業避止義務，勧誘禁止義務

　名称がNon-Disclosure Agreementだからといって先方から提示されるドラフトにそれ以外の内容が含まれていないとは限りません。特に売主側からのドラフトで，買主側が対象会社と競合する事業を行うこと，対象会社の顧客その他の取引先や従業員と連絡を取ること等を禁止する規定が入っていることはまあります。

　従業員への連絡の禁止等一定範囲での規制はやむを得ないですが，簡単な契約に追記されているだけにマーケットプラクティスに照らし不合理に広範に規定されてしまっているケースもあります。既存事業への制約となる可能性もあるので慎重な検討が必要です。また，当該規定は買収検討が終了した場合には失効することを確保しておくことが必要です。

・情報の正確性

　売主側からのドラフトでは，「開示する情報の正確性は担保しない」旨の規定が入っていることもあります。実際規定されることも多い条項ではありますが，最終契約で，情報の正確性について売主側の表明保証を規定するか否かという論点があること，正確な情報を開示するインセンティブにマイナスに働くこともある点に留意が必要です。

2　Information Memorandum/Teaser

(1)　必要となる場面とタイミング

　売却を望んで買主候補を募っている売主が，売却対象である対象会社の概要を知ってもらうため準備する書面です。Non-Disclosure Agreement締結後，買収を検討している買主候補に提供されるもので非公開情報が含まれます。

　事業上買収対象として魅力的かどうかは主に事業部門で検討することが多いので，Information Memorandum/Teaserは主に事業部で検討するものというイメージをお持ちの方もいるかもしれません。しかし，Information Memorandum/Teaserには，法務の観点からも有益な情報が含まれているので，法務担当者も確認することが望ましいです。また，外部法律事務所選定のために見積りを求める場合，Information Memorandum/Teaserを共有すればある程度のディールの概要がつかめますので，より正確な見積りを取得することができます。

(2)　主な内容

　対象会社の概要を買手候補に知ってもらい，買収対象として興味を持ってもらうことが目的で作成される書面です。主な内容は以下のとおりです。

- 会社の概要，歴史
- 会社の製品の説明
- 重要な顧客やサプライヤー等の説明
- マーケット状況の説明（競合分析等）
- 事業所や工場の概要
- マネジメントや従業員の概要

・財務書類

項目サンプルは以下のとおりです。

Ⅰ. Executive Summary
Ⅱ. Company
Ⅲ. Market
Ⅳ. Business Model
Ⅴ. Organization
Ⅵ. Growth Strategy
Ⅶ. Financials
Appendix　※情報ソースなど

(3)　レビューでの注意点

Information Memorandum/Teaserは，案件の初期の段階で，自社のビジネス上対象会社が買収候補となり得るかを検討するために利用されるので，法務というより事業の観点から確認することが多い書面です。

しかし，当該会社について案件を進める可能性がある場合には法務上確認しておくべき有益な情報も含まれています。以下法務の観点から確認しておくべきと思われる事項を列挙します。

・ディールストラクチャー

Information Memorandum/Teaserには売主が提案するディールストラクチャーが記載されるのが通常です。会社の事業すべての譲渡なのか，既存事業の一部を切り出して譲渡する想定なのか大枠を把握しておけば，問題となり得る法的イシューのあたりもつけやすくなります。事前に外部の弁護士にディールの進め方や依頼のスコープを相談する際にも有益です。

● 子会社，支店の有無および法域

　国が複数にわたる場合，どの国でデューデリジェンスを行うのか，各子会社支店の重要性や予算との関係も踏まえ検討が必要です。また，M&A案件の予算は社内手続上おおまかに見積っておくことも多いと思います。その前提として，どこの国で事業を行っているのかおよびその重要性や規模感を把握しておくことは有益です。

● 従業員の人数や内訳

　デューデリジェンスで労働関係をどれだけ重視する必要があるかの感覚をつかめます。労務関連問題は各国の法制度特有の問題を踏まえて検討する必要がある上，デューデリジェンスでの詳細な確認に時間を要することが多いので上記を把握しておくことは有用です。

● 工場の有無

　工場が存在する場合，環境問題や労災等，デューデリジェンスで確認すべきポイントがあるため知っておくと有益です。また，工場が重要な案件で現地の専門家を起用して環境デューデリジェンスを別途行う場合には，法務デューデリジェンスとのスコープ分けが必要になるので，その前提としても確認すべき事項です。

● 自社競合との取引

　重要顧客に自社の競合会社が含まれている場合，自社や対象会社がすでに締結する契約上問題が生じるリスクがあり，あらかじめ認識しておくことが望ましいです。日本企業もグローバル化が進み世界中の国で事業を行っていることが多いので，海外案件でも問題が生じることも多いです。

● 会社の存在期間

　近時設立された会社の場合，相対的にリスクの把握がしやすいです。逆に歴史が長かったり，事業を頻繁に変更していたりする場合，注意が必要です。

3 Letter of Intent（LOI）

(1) 必要となる場面とタイミング

Information Memorandum/Teaserや売主との協議で提供された初期的情報を確認し，買主側がデューデリジェンスに進む決断をし，いよいよ個別交渉を開始する際に締結される書面です。

デューデリジェンスの段階になると，買主側はある程度の社内リソースを投入し，また外部アドバイザーを起用することで一定の費用が発生します。売主側も対象会社の詳細な情報を開示することになりますし，資料準備の対応も相応の負担です。LOIはこのように両者が費用と時間を投入するにあたり，目指す取引の大枠の目線合わせをし，その確認をする目的で締結されます。

Letter of Intentは，案件の初期の段階の双方の理解の確認にすぎないため，法的拘束力を有さないNon-bindingという形で締結されることが多いです。なぜならそもそもデューデリジェンスを行う前の段階で，買収を行うという約束はできませんし，買収の条件についても確定することができません。

形式としては，買主から売主に宛てたレターとし，末尾に売主も合意したことを示す署名をするものになっていることが多いですが，両者が署名する覚書のような形式の場合もあります。買主側で売主との個別協議を開始すると決めた段階でドラフトを作成し，売主側の確認を求めることが多いです。

(2) 主な内容

Letter of Intentに規定される基本的な内容は以下のとおりです。

- 対象会社のバリュエーション

- 大まかなタイムライン（デューデリジェンスの期間，サイニングおよびクロージングの日付）
- 今後買主側で必要となる社内手続（取締役会での承認等）
- 守秘義務
- 売主のデューデリジェンスへの協力義務

それに加え，両者の協議により以下の内容を入れることも多いです。

- 買収後の経営陣の処遇
- 買主の独占交渉権
- 買主側で買収のために必要となるファイナンス（買収ファイナンス等）

　加えて，この段階で両者の理解を統一しておきたい特段の事項がある場合には，案件特有の内容を規定しておくことも考えられます。Non-bindingである分柔軟に対応がしやすい書面でもあるので，案件により工夫して作成すべきです。
　条項サンプルは以下のとおりです。

1．Purchaser/Seller/Target Company
2．Contemplated Transaction
3．Valuation
4．Assumption of LOI
5．Due Diligence
6．Definitive Agreement
7．Schedule
8．Exclusivity
9．Confidentiality
10．Terms and Termination
11．Cost
12．Governing law and Dispute Resolution
13．Non-Binding

3 Letter of Intent（LOI） 31

(3)　レビューでの注意点

• Non-bindingの範囲

　Letter of Intentは基本的にはNon-bindingで締結されますが，独占交渉権（Exclusivity）や守秘義務（confidentiality）等は法的義務としないと規定する意味が薄れてしまいます。そのため，これらの条項については，明確にbindingであることを規定しておく必要があります。特にExclusivityは，その後の交渉に影響を与えるので，買主側としては売主との交渉によりLetter of Intentの段階で確保することが望ましいです。せっかく交渉でExclusivityを獲得したにもかかわらず，ドラフトミスで権利を確保できていなかったということのないよう注意することが必要です。

• Exclusivityの内容

　買主にとって，Letter of Intentの中で最も重要な条項がExclusivityです。Exclusivityを与えてもらうことに合意できたら，当該条項の内容が十分な内容となっているか確認すべきです。どこの法域であれ，M&Aの世界的なスタンダードに沿ったもので締結されるべきものですので，不合理に限定的な文言を提示された場合，国による特性などと諦めず，交渉する必要があります。この点，相手側から「この国ではこれが普通」などと主張されることもありますが，そのような一方的な議論についてはきちんと検討することが重要です。

• 相手方署名者

　買収の相手方となるのは売主，つまり対象会社の保有者です。この点，Letter of Intentの相手方が対象会社のマネジメント等売主以外の当事者となっているドラフトも散見されます。対象会社のマネジメントと売主が同一であることも多いですが，そうではない場合，売主も当事者に入れておいたほうが安全です。特にExclusivityを規定している場合，売主を拘束する必要がありますので当事者にする必要がより高いです。

• バリュエーションの前提条件

　Letter of Intentの中で対象会社の価値評価（Valuation）を提示しますが，その前提となった事項（Assumption）があるはずなので，これを記載しておく必要があります。特に，すでに相手方との間で特定の事項について具体的に協議した場合には，誤解がないように明記しておく必要があります。どれくらい厳密に記載するかはケースバイケースで，数行の記載である場合もあれば，項目として列挙する場合もありますが，いずれの場合もポイントは押さえておく必要があります。法務というより，ファイナンスに関する論点ですが，典型的な項目はいくつかあるので，それを踏まえてバリュエーションを行った担当者とよく協議の上確認することが望ましいです。

4 Process Letter

(1) 必要となる場面とタイミング

　オークション形式で対象会社の売却が行われる際に，オークションへの参加（具体的にはビッドの提出）をするためのルールを記載した書面です。オークション案件において，Information Memorandum/Teaserを検討し，オークションに参加することを決めた場合にビッド提出の前提として確認が必要となります。

　Process Letterはオークションを開催する売主側のファイナンシャルアドバイザーにより作成されオークション参加者に配布されます。

　オークションでは通常，まずデューデリジェンス等を行う前段階で，買主候補各社から初期的にFirst Bidの提出を求め，First Bid提出者の中から数社が選出されSecond Bidに進み，その段階でデューデリジェンスを行う機会が与えられます。その結果を踏まえ提出したSecond Bidの内容により最終的に買主候補が選ばれることになります。Second Bidでは，買収契約のドラフトを提示され，これに関して自社の望む修正を加えたものの提出を求められるなど要求される内容もFirst Bidと若干異なります。そのため，Process Letterは各Bidの段階ごとに作成されます。

(2) 主な内容

（First Bid用）
- 売却スキームの概要
- First Bidの提出期限および提出先等
- First Bidで提出するOfferはNon-bindingであること

- 締結するFirst Bidに記載すべき事項（以下典型例）
  - ✓ 買主およびその概要
  - ✓ 買収スキーム（100％取得か，グループ会社やファンドとの共同取得か等）
  - ✓ 買収の目的や背景
  - ✓ 提示価格およびその前提条件
  - ✓ 従業員の扱い
  - ✓ 買収にあたり利用するファイナンス
  - ✓ デューデリジェンスで要求する事項
  - ✓ 今後のスケジュールと必要な社内手続等
  - ✓ 買主の連絡先
- First Bid後のプロセス概要
  - ✓ First Bidを検討した上数社を選出
  - ✓ 選出された場合Second Bidに進むことができること
- 売主側の連絡先（通常売手側ファイナンシャルアドバイザー）

（Second Bid用）
- Second Bidに選出されたこと
- Second Bidの提出期限および提出先等
- Second Bidで提出するOfferはbindingであること
- デューデリジェンスの機会が与えられることおよびその概要
- 買収契約のドラフトが提供されることおよびSecond Bid提出時にmarkupを提出すべきこと
- Second Bidに記載すべき事項（以下典型例）
  - ✓ 買主およびその概要
  - ✓ 買収スキーム（100％取得か，グループ会社やファンドとの共同取得か等）
  - ✓ 買収の目的や背景
  - ✓ 提示価格およびその前提条件
  - ✓ 従業員の扱い
  - ✓ 買収にあたり利用するファイナンス
  - ✓ デューデリジェンスで要求する事項

4 Process Letter 35

✓買主の連絡先

・売主側の連絡先（※通常売手側ファイナンシャルアドバイザーを記載します）

(3) レビューでの注意点

　Process Letterには，売主が個別に特定の買主候補と協議を進めることが許容されると明示されることが多いです。その記載のとおり，Process Letterは，公平な手続を担保するものというより，基本的に売主の裁量で手続外での柔軟な対応ができることを前提としたものです。そのため，買主側としても，Process Letterに従い手続を進めるのと同時に，ファイナンシャルアドバイザーを通じ他の競合の状況や売主が重視するポイントをインフォーマルに探り，より有利なポジションを得ることを模索することもオークションでの重要なポイントです。

　Process Letter に，買主選択の際の考慮要素が通常に比較して詳細に記載されていることがあります（例えば保険の利用，従業員の扱い等）。この場合，一般的なものとの比較で，ある程度売主が重視するポイントを想像することができ，より有利な提案を検討する材料になり得ます。そのため勘所を押さえることで他の案件を多数経験している外部アドバイザーの知見も利用し，Bidの内容を検討すべきです。

　Bidの提出期限は基本的に遵守する必要があります。しかし，売主にとっても好ましい買主である場合，個別に柔軟に対応してくれる場合もあります。状況によっては社内手続が間に合わない等の場合には期限の延長を交渉してみることも有益です。

5　First Bid/Non-Binding Offer

(1)　必要となる場面とタイミング

　　オークションに参加することを決めた場合に提出が必要となる書面です。会社自身（買主）で作成することもありますし，会社が起用するファイナンシャルアドバイザーが作成することもあります。法的書面ではないですが，ファイナンシャルアドバイザーを起用しない場合には，会社が希望する場合には筆者も頻繁に作成しています。

　　First Bidは法的な拘束力を有しないNon-bindingの形式で提出されます。また，内容は，ビジネスに関する事項が主です。

　　Process Letterの提示を受けてから提出まで時間が限られており，タイトなタイムラインで作成することが必要になることが多い書面です。

(2)　主な内容

　　記載が求められる典型的事項は以下のとおりです。

- 買主およびその概要
- 買収スキーム（100％取得か，グループ会社やファンドとの共同取得か等）
- 買収の目的や背景
- 提示価格およびその前提条件
- 従業員の扱い
- 買収にあたり利用するファイナンス
- デューデリジェンスで要求する事項
- 今後のスケジュールと必要な社内手続等
- 買主の連絡先

項目サンプルは以下のとおりです。

1．Valuation and Assumptions

2．Consideration and Transaction Structure

3．Purchaser

4．Financing

5．Transaction Rational

6．Post-acquisition Management

7．Employee

8．Due Diligence

9．Approval and Timetable

10．Other Conditions

11．Team Members and Advisors

---

(3)　レビューでの注意点

・Transaction Rational

　オークションではない案件で締結されることの多いLetter of Intentと比較し，オークションで提出されるBidの場合には買収の目的（Transaction Rational）を詳細に記載することが多いです。ここでは買主候補である会社の概要を紹介し，対象会社の将来にとってビジネス上同社に買収されることが望ましいことを説得する内容を積極的に盛り込むことになります。

　各社が実際に提出する内容は，シンプルな必要事項のみ記載したものから独自に工夫した表現を盛り込んだものまで様々です。日本企業はリップサービスが苦手といわれることもありますが，嘘にならない範囲で，海外の競合とも遜色のないpassionを示すことも必要です。

　筆者が作成する場合も対象会社の状況や買主候補である企業事業や経営方針を踏まえて，できる限りimpressiveで詳細なドラフトをするように心がけてい

ます。作成にあたっては，主に以下のような記載を含めることが望ましいです。

> ▶ 当社の今後の戦略の説明
>
> ▶ 当社の強み（具体的数字を明示するとより印象的です）
>
> ▶ 対象会社の事業に貢献できる点やシナジー

•買収後の方針

買収後現在のマネジメントや従業員をどう扱うのかについても記載を求められることが多いです。この点First Bidの段階ではあまり確定的なことがいえないことが多いですが，あまりにそっけない記載であると，他のビッダーと比較した際に案件に関する関心が低いという印象を与えかねません。通常レベルのリップサービスは記載すべきと思います。

確定的な文言を避けて，抽象的な形にしつつポジティブな意向を示すよう工夫した記載をすることが有益です。

•価格提示の前提条件（Assumption）

LOIの場合と同様，提示価格の基礎となったバリュエーションの前提条件の記載が求められます。Process Letterで明示的に記載を求められているためか，相対でのLOIの場合より詳細に記載されることが多いです。バリュエーションを行ったファイナンシャルアドバイザーや社内の担当者とよく相談して記載することが必要です。

•ディスクレーマー（Disclaimer）

末尾には，Non-bindingであることや守秘義務等一定のディスクレーマーを記載する必要があります。必要な記載が漏れていないか，確認が必要です。

6 Second Bid/Binding Offer

(1) 必要となる場面とタイミング

　Phase Ⅰ でFirst Bidを提出し，Phase Ⅱに進むことができた場合には売主のファイナンシャルアドバイザーからその旨の通知とPhase ⅡのProcess Letterが提示されます。Phase Ⅱでは，デューデリジェンスを行う機会を与えられ，その結果を踏まえた上でSecond Bid/Binding Offerを提出することが求められます。

　Second BidはFirst Bidと異なり，法的な拘束力を有するbindingの形式で提出されます。そのため，この段階では外部の弁護士のレビューを経て提出することが多いです。

(2) 主な内容

　Phase ⅡのProcess Letterで求められる典型的事項は以下のとおりです。

- 買主およびその概要
- 買収スキーム（100%取得か，グループ会社やファンドとの共同取得か等）
- 買収の目的や背景
- 提示価格およびその前提条件
- 従業員の扱い
- 買収にあたり利用するファイナンス
- 今後のスケジュールと必要な社内手続等
- 買主の連絡先

(3)　レビューでの注意点

　First Bid/Non-Binding Offerの注意点と重複するので省略します。

7 Markup

(1) 必要となる場面とタイミング

　Phase Ⅱに進んだ段階で，売主側が作成した最終契約のドラフトが提示され Second Bidを提出する際に，売主側に提示された買収契約について，買主側が求める修正点を加えたものも一緒に提出することが求められます。売主側のドラフトに，修正を明示した形で作成されるためMarkupと呼ばれます。

　契約上の要求事項にはデューデリジェンスの結果も織り込む必要がありますが，Phase Ⅱ開始から提出まで１カ月前後であることが多く，時間的にタイトであるのが通常です。Markupの作成とデューデリジェンスは同時並行で進める必要があるので，しっかりとスケジュール管理をする必要があります。

(2) 主な内容

　第３章Q１をご参照ください。

(3) レビューでの注意点

　Markupは買主側の要求を記載するものですので，通常，できる限り買主側に有利に作成します。しかし，オークションで提出するMarkupについては買主候補として選ばれるかの考慮要素になり他社と比較されることになるため，過度に遠慮したMarkupにする必要はないものの一定の考慮が必要になります。

　多くの国では，セレクションにあたって価格が重視されますが，比較的契約書のMarkupを詳細に確認する傾向のある地域もあります。また，当該案件で売主が特に重視するポイントについてあまりアグレッシブなMarkupを入れてしまうとセレクションにあたり不利に働くおそれもありますので注意が必要で

す。

　一般的に特に慎重な考慮が必要なのは，買収を中止できる事由である実行前提条件と売買価格の支払方法（エスクローを設定するかなど）です。これらについては水面下でできる限り売主の意向に関する情報を入手し，戦略的な観点も入れて検討する必要があります。

8 Information Request

(1) 必要となる場面とタイミング

　デューデリジェンスでは，最初に買主側のリーガルアドバイザーからデューデリジェンスで確認するために提出を求める書面のリストを送ります。Information Request（Request for Informationを省略してRFI等と呼ばれることもあります）等と呼ばれるものです。

　法務のInformation Requestは各国の法制度を踏まえて作成されるので法域により細かい内容は異なります。例えば，公の登記やannual reportで確認できる事項は各国により異なりますし，株主名簿や会議体の議事録等法令上会社に作成が求められる書面も（大体は類似しますが）異なります。また，米国その他多くの国ではLien Search/Litigation Searchという制度により，担保だけでなく訴訟等が継続していないことを確認する手段があるので（制度がない国もあります），デューデリジェンスは，これを行うことを前提にすることができます。逆に新興国で公に確認できる制度の信頼性が低いケースもあり，その場合には直接要求すべき情報の範囲も変わってきます。

　また，ディールの規模が小さく予算が限られている場合やあまり重要性のない子会社の場合などデューデリジェンスのスコープを限定する場合もあり，その場合，現地の事務所とInformation Request作成前に協議し，スコープを合意の上で準備する必要があります。自社をよく知る日本のリーガルアドバイザーとよく相談し，スコープを決めていくべきです。

　Information Requestを売主側に送付してから，1〜2週間ほどで要求した情報が提供されることが多いです。通常Virtual Data Room（VDR）と呼ばれるオンラインのデータ提供機能を通じて情報が提供されますが，規模の小さい対象会社の場合等ドロップボックスやメールで提供されることもあります。対象会社の従業員が限られておりmanagementが業務の傍ら対応している場合は

資料の準備に時間がかかることもあり，また，欧州の夏季休暇や中国の旧正月等に当たった場合資料の提供が遅れることもあるのでスケジュール管理上注意が必要です。

　M&A案件に慣れていない対象会社の場合，売主側にファイナンシャルアドバイザリーやリーガルアドバイザー等の外部アドバイザーがついていれば相談しながら資料を提供してもらうのが合理的です。そのようなアシストを期待することができない場合，Information Requestを送付した後，買主側弁護士と資料を準備する担当者の間でInformation Requestの内容を説明する会議を設けることも有益です。

(2)　主な内容

　Information Requestのフォーマットは作成する事務所により詳細な例示を含む比較的長文のものであったり，簡潔でシンプルなものであったり様々です。あまりに簡単なものだと対象会社が要求されている情報をイメージできない可能性がありますが，逆にリーガルタームを多用した詳細すぎるものだと十分理解されない可能性もあります。バランスのとれたInformation Requestとすることが必要です。

　Information Requestは，要求する書面の他，書面の提供状況を適宜把握するため以下のような項目を記載する欄を設けます。Comments欄には，売主側に「NA」の他，現在準備中である等当該項目に関する連絡事項を記載してもらうことになります。

- Date of Request
- Date of Submission
- Comments

　Information Requestには本件対象会社には該当しないと思われる事項が多く含まれています。しかし，Information Requestには相手方から「該当なし」という正式な確認をとる意味もあるので，これらの事項も網羅的に含めておく

べきです。

　法域や合意したデューデリジェンスのスコープにもよりますが，項目サンプルは以下のとおりです。

1．General Corporate
2．Equity Securities Issuances
3．Government Regulation
4．Agreements and Contracts
5．Debt Financings
6．Assets
7．Management, Employees and Consultants
8．Benefits Plans
9．Insurance
10．Litigation
11．Financial Information
12．Compliance and Internal Controls
13．Environmental Matters
14．Others

---

(3)　レビューでの注意点

● ないことの確認の意味

　前述のとおりInformation Requestには，当該対象会社には該当しないと思われる項目も多数含まれています。例えば，不動産は保有していないとの事前情報があるのに保有不動産の情報を要求していたり，設立から買収は行っていないようであるのにM&Aに関する情報を要求していたり，子会社が存在しないのに子会社に関する情報という項目が入っていたりといった具合です。このような場合に，該当がないと思われるからということですべて削ってしまうべ

きではありません。なぜなら，Information Requestには「該当なし」である
ことを相手方に正式に確認させる意味もあるからです。このようなやりとりが，
最終契約の表明保証の内容の交渉で交渉ツールとして使える可能性もあります。
そのため「該当しない」旨の回答を正式に取得し，契約交渉でも有効活用すべ
きです。

• 法務担当者による追加

　法律事務所が準備するInformation Requestは一般的な観点から必要な情報
は網羅されていますが，業界特有の懸念事項がある場合や，それまでのビジネ
ス間での協議で潜在的なリスクが発覚している場合等には，案件特有の内容を
加えることが有益です。そのような事項がある場合には，弁護士とよく協議し
た上で，適切な内容を含めるべきです。

9 QA Sheet

(1) 必要となる場面とタイミング

　デューデリジェンスでは，まずInformation Requestを送付し，それに基づき一定の情報の提供を受けても，内容が不十分であったり，提供された情報に基づき追加の質問や書面のリクエストの必要が生じたりします。そのような追加の確認事項を依頼し，また売主側がそれに対する回答を提供するというデューデリジェンスの中でのやりとりのために使われるのがQA Sheetです。

　売主側によりたとえば水曜日と土曜日といった形で，提出日が指定される場合もあります。Virtual Data Room（VDR）を利用している場合にはVDR中にQA Sheetを提出する機能があり，QA SheetではなくVDR上の機能を利用してやりとりされる場合が多いです。そうでない場合，エクセル形式でフォーマットを準備し，買主側アドバイザーが追加リクエストを記入，それを受領した対象会社が回答を記入という形で，週に数回やりとりされるのが通常です。

(2) 主な内容

　多くのQA Sheetでは，①大項目（Corporate, Employment等），②参照書面番号，③質問内容，④質問日付，⑤回答欄，⑥回答日付等の項目を記入する欄があります。デューデリジェンスの期間を通じ100〜300ほどの質問や追加のリクエストが行われます。

(3) レビューでの注意点

　企業担当者としては，完成したデューデリジェンスレポートのみを確認することが多く，個別に行われた質問を細かく読むことは少ないです。しかし，レ

ポートの中の懸念点につき後に自社が直接詳細を確認する必要が生じるケースもあるため，英語圏以外のデューデリジェンスの場合もやりとりを英語にしてもらうといった工夫も有益です。

10 Due Diligence Report

(1) 必要となる場面とタイミング

　外部アドバイザーがリーガルデューデリジェンスの結果を報告する書面です。デューデリジェンスの途中段階でinterim reportとしての結果を報告してもらい，会社の質問や追加調査の要望を踏まえてアップデートしたfinal reportを提出してもらうことが多いです。初期の段階で報告を受けても未確認事項が多くあまり有益ではないため，ある程度デューデリジェンスが進んだ段階でinterim reportを出させることが効率がよい場合も多く，そのタイミングはデューデリジェンスの状況を見て，適切に判断することが重要になります。加えて，会社の意思決定のプロセス（取締役会決議など）も考慮する必要がありますので，これも踏まえながら，どの段階で報告してもらうか指示を出すことが必要です。

　目安としてデューデリジェンス開始から数週間でinterim report，１〜1.5カ月でfinal reportの提出を受けるイメージです。

(2) 主な内容

　各分野ごとにデューデリジェンスで発覚した問題点とそれに対する推奨対応策が記載されます。Due Diligence Reportの形式は，red flag report方式とfull report方式があります。

　red flag reportは，発覚した問題点だけを記載するというもの，full reportは問題となるべき事項だけではなく確認した事項や契約の内容等も記載するというものです。現在はred flag report形式で作成されることが多いです。

　推奨対応策としては，どちらであってもサイニング前の対応や契約上求めるべき事項等が記載されます。報告書の提出の後，口頭で報告を行う報告会が開

催される場合もあります。特に対応策については，Due Diligence Reportに記載されているのは一般的に推奨されるものであり，自社の状況を踏まえたものではありません。相手方とのビジネス上の関係や対象事業の性質等に応じて様々な工夫が可能なので，報告会で自社をよく知る外部アドバイザーと直接深く協議し，柔軟な対応を検討するべきです。

　項目サンプルは以下のとおりです。

Ⅰ. Executive Summary
　冒頭に主な指摘事項のサマリーが記載されます。

Ⅱ. Definitions
　レポートで使用される用語の定義（Target, Seller, Buyer等）が記載されます。

Ⅲ. Group Chart
　対象会社とその子会社の資本関係図が記載されます。

Ⅳ. Main Body
　以下のような項目ごとに発覚した問題が記載されます。

　　1. Corporate Matters
　　　• Group structure
　　　• Company Documents
　　　• Power of attorney
　　　• Type of shares, share capital and Shareholding
　　　• Shareholders Agreement

　　2. Material Contracts
　　　• Top 10 customer contract
　　　• Top 10 supplier contract
　　　• Intergroup contract
　　　• Other material contract/transaction
　　　• Change of control clause

　　3. Financing
　　　• Third party financing
　　　• Intragroup financing

　　4. Intergroup Transaction

5．Management and Employees
- Number of employees
- Employment contracts
- Employee regulations
- Social security matter
- Union
- Labor dispute
- Communication with labor authority

6．Intellectual Property
- Patents
- Trademarks
- Copyrights
- IP licensing
- Know-how
- Disputes

7．Information Technology
- Overview
- Key software
- Domain names
- Websites

8．Data Protection

9．Regulatory

10．State aid

11．Real Property
- Owned real property
- Leased real property

12．Insurance

13．Litigation

⑶　レビューでの注意点

• Red Flag Reportとは

　前述のとおりDue Diligence Reportの形式は，red flag report方式とfull report方式があり，作成前の段階でどちらのレポートとするか，法律事務所に指示を出すことになります。red flag reportのほうが作成費用が安くなるのが通常です。

　もっとも海外の事務所であってもred flag reportを選択した場合もある程度は問題点を網羅的に記載してくれることもあります。他方で本当にシンプルな数ページのレポートが想定されている場合もあります。日本に比較し，海外の事務所に作成を依頼する場合，プロダクトの完成イメージについて事務所によってばらつきが大きいようです。一概にred flag reportといってもどのような内容を想定しているのか，事前に確認することが重要です。

　作業が終わってから大きな修正を要求するのは現実的に難しいことが多いので，見積りの段階で過去に作成されたレポートをベースに成果物のイメージについて日本側弁護士に確認したり，現地の事務所と詳細な意識合わせをしたりすることが望ましいです。

• 日本の法制度との違い

　海外のDue Diligence Reportは現地事務所の作成したものなので，「日本との差異」は意識して書かれていないことにも注意が必要です。問題点の正しい理解のため，海外M&Aに詳しい日本の弁護士等に説明させることが有益です。

• 表明保証保険を利用する場合

　表明保証保険を使う場合，Due Diligence Reportの内容にも注意が必要です。
　表明保証保険の保険付保手続にあたり，保険会社に外部事務所が作成したDue Diligence Reportを提出する必要があります。この場合，当該法域である程度名の知れている事務所が作成したレポートのほうが印象がよくなる場合が

あるので，選んだ保険会社によっては，現地の事務所選択の際に留意する必要があります。

　また，レポートでリスクが高いと指摘されている事項は保険のカバーから除外されます。リスクは正しく指摘する必要がありますが，あまりリスクが大きくないのに過度な記載になっていて保険のカバーから除外されてしまうことのないよう，通常にまして明確な記載をしてもらう必要があります。

　あらかじめレポート作成にあたり，外部アドバイザーとよく協議することが望ましいです。

11 Definitive Agreement（Share Purchase Agreement（SPA）/Merger Agreement/ Asset Purchase Agreement（APA））

(1)　必要となる場面とタイミング

　最終的に買収合意のために締結する契約を，Definitive Agreementと呼びます。株式譲渡の形式で買収する場合はShare Purchase Agreement，合併の形で買収する場合はMerger Agreementが，それに該当します。また，法人単位ではなく個別に資産を移転する場合にはAsset Purchase Agreementとなります。

　デューデリジェンスが開始し一定程度進んだ段階で，デューデリジェンスと同時並行でDefinitive Agreementの交渉を開始します。Initial draftは売主側から提示されることが多いです。この場合，ドラフトを受け取った買主側で当該契約に買主側が求める修正点を加えたものを再提示します。売主側のドラフトに，修正を明示した形で作成されるためMarkupと呼ばれます。交渉ではまず，このMarkupの交換を数回続けます。このやりとりに数週間かかります。

　Markup上での交渉である程度論点が絞られてきた後，オンラインまたは対面で直接交渉を行います。買主側は買主企業担当者，日本弁護士，現地弁護士，売主側は売主企業担当者，現地弁護士が参加し，3 ～ 4 時間の交渉が数回行われることが多いです。昨今はオンラインでの交渉が増えたため，移動の負担はなくなった半面，現地で限られた時間（数日）の中で協議を完了せざるを得なかった以前と比べ，交渉の回数は増えがちです。1 週間ほどで重要論点につき合意することが望ましいですが，数週間かかる場合もあります。

　企業担当者を入れた直接交渉で重要な論点について合意できたら，細かい点を売主および買主の弁護士間で調整して契約書をファイナル化します。この作業に数日から 1 週間ほどかかります。

(2)　主な内容

Share Purchase Agreement

　買収が株式の取得の形式で行われる場合，Share Purchase Agreementが買収契約になります。主な内容は以下のとおりです。

- 売買の合意
- 売買価格の決定方法（価格調整方式かロックドボックス方式か等）
- リーケッジ（leakage）（※ロックドボックス方式の場合）
- クロージングまでの売主の誓約事項（Covenants）
- 実行前提条件（Condition Precedent）
- クロージング時の行為（代金の支払とClosing Deliverableの引渡し等）
- 売買代金のエスクロー（escrow）
- 表明保証保険関連規定
- 表明保証（representations and warranties）
- 第三者からの請求（third party claim）
- 売主の損害義務の制限（①時間的制限（time limitation），②請求の上限額（CAP），③請求条件（de minimis/threshold））
- 特別補償（special indemnity/specific indemnity）
- 買主の独占交渉権（Exclusivity）
- 税務の扱い
- 契約の終了（契約が失効する日（Long Stop Date/Outside Date））
- 売主の競業避止義務（Non-compete obligation）
- 雑則（Miscellaneous）
  - ✓守秘義務および公表（Announcement and confidentiality）
  - ✓費用負担（Cost and expenses）
  - ✓権利を行使しないことが権利放棄とみなされないこと（Waiver）
  - ✓契約や権利義務の譲渡禁止（Assignment/Transfer）
  - ✓当該契約が当事者の合意のすべてであること（Entire Agreement）

> ✓修正は書面によるべきこと（Amendment/Modification）
>
> ✓各自の通知先（Notice）
>
> ✓準拠法および紛争解決方法（Governing law/Dispute Resolution）
>
> • 定義（Definition）

Merger Agreement

　買収が合併の形式で行われる場合，Merger Agreementが買収契約になります。売主と買主との間で交渉となる主要な論点はShare Purchase Agreementと大きな相違はありませんが，以下のような項目が追加で入ります。

> • 対象会社とMerger Sub（※後述）が合併する旨
>
> • 合併の効力発生時
>
> • 対象会社の現状の株主をキャッシュアウトしMerger Subの株式は残存会社の株式に変換されること
>
> • 合併効力発生時の定款（Articles of Association/Bylaws）および役員の扱い
>
> • 反対株主が生じた場合の価格決定請求権
>
> • 株券（Share Certificate）の取扱い（株券の保有者に金銭を支払い株券は失効すること，株券をなくした場合の対応等）
>
> • 合併のための株主総会承認取得努力義務等
>
> • 株主代表（Shareholder Representative）（※株主を代表して必要な行為をする者）

　また，Share Purchase Agreementとの対比で以下の点を考慮する必要があります。

> • 合併の場合には，反対株主の価格決定請求権等，法律上発生する権利があるので，このような権利が行使された場合に買主が損害を被らないよう補償規定を入れる必要があります。
>
> • 海外の会社を合併により買収する場合には，当該国に合併をするための子会社

（Merger Sub）を設立し，合併契約の当事者とする必要があります。
- 合併契約は対象会社と買主/Merger Subの間の契約なので，株主に表明保証責任やコベナンツの義務を課すためには別途対応が必要です。この建付も複数のやり方があります。

Asset Purchase Agreement（APA）

　買収が資産譲渡の形式で行われる場合，Asset Purchase Agreementが買収契約になります。Share Purchase Agreementと重要な論点に大きな相違はありませんが，以下のような項目が追加で入ります。

- 個別の資産を譲渡することおよび譲渡対象資産の内容
- 移転のプロセス（売主が移転する契約の相手方に通知を送付して承諾を取得するよう努力する，買主が移転する従業員に雇用のOfferを出す等）
- 所有権および危険の移転時期（Title, ownership and risk of loss of Assets）

　また，Share Purchase Agreementとの対比で以下の点を考慮する必要があります。

- **Condition Precedent（実行前提条件）**
　事業譲渡による場合，個別の契約を移転するために基本的に取引の相手方や従業員から個別の同意をとる必要があります。ある程度の契約や従業員が移転しないと事業継続が難しくなる可能性もあるため，買主側としては一定程度同意が取得できたことを実行前提条件にすることも検討すべきです。他方，これを実行前提条件とした場合，買収を完了できるかが第三者の意思に依拠することになるため売主は拒否する可能性が高く，交渉ポイントとなり得ます。
- **Representations and Warranties（表明保証）の範囲**
　事業譲渡による場合，債権債務も個別に移転するため，包括承継である株式譲渡や合併と比較すると偶発債務を承継するリスクは少ないです。そのため表明保証も限定的になることが多いです。しかし，買主としては念のため幅広に規定し

ておきたいところです。表明保証を幅広に要求することで，事業上売主が認識している問題を開示させることにもなるので，事業譲渡である場合であっても，広範に表明保証を要求すべきケースもあります。

- Asset Purchaseの形式だと買主としては偶発債務を遮断できるため有利な面はあります。しかし，権利移転のために契約の相手方や従業員の個別の同意をとる必要がある等手続が必要になるため，国内案件と異なりクロスボーダーでは手続が煩雑になりがちな点は注意が必要です。

Share Purchase Agreementの条項サンプルは以下のとおりです。

1.　Definitions and Interpretation
　1.1　Certain Definitions
　1.2　Certain Rules of Interpretation
2.　Sale and Purchase of the Shares
3.　The Purchase Price
4.　Interim Management
5.　Conditions to Closing
6.　The Closing
　6.1　Place and Date of Closing
　6.2　Actions and Deliveries at Closing
　6.3　Transfer of Ownership
7.　Representations and Warranties
　7.1　Representations and Warranties of The Sellers
　7.2　Representations and Warranties of The Buyer
8.　Indemnification
　8.1　Indemnification Obligations
　8.2　Exclusions, Deductions and Limitations
　8.3　Recovery from Third Parties
　8.4　Exclusive Remedy
9.　Claims

(3)　レビューでの注意点

　買収契約では，ほぼ必ず検討しなければならない典型的な論点があります。多くの案件で主要論点となるのは以下の項目です。

- 売買価格の決定方法（価格調整方式かロックドボックス方式か等）
- 賠償請求権の担保（エスクロー，表明保証保険の利用等）
- 実行前提条件
- 売主の損害賠償義務の限定（上限，期間等）
- 特別補償
- 表明保証の内容

12　Shareholder Agreement（SHA）

(1)　必要となる場面とタイミング

　対象会社を100％買収するのではなく，一部の株式を売主に保有させたまま買収するケースもあります。特に売主が対象会社のマネジメントでもある場合，買収後も一定の責任をもって経営にあたってもらうため，あえて少数株式を保有させることがあります。その上で，数年間保有してもらい買主による経営が軌道に乗ったところで買主が残りの株式を取得する権利（Call Optionと呼ばれます）や売主が売却する権利（Put Optionと呼ばれます）を設ける場合が多いです。

　このように買収後買主が複数になる場合には，株主としての権利に関しての合意を定めたShareholder Agreementを締結します。

　Shareholder AgreementはDefinitive Agreementと同時並行で交渉することになります。

(2)　主な内容

　Shareholder Agreement に規定されることが多い内容は以下のとおりです。もっとも，Shareholder Agreementは，主としてビジネスパートナーとして対象会社を運営していく上の，ビジネス上の合意を規定したものです。そのため，Definitive Agreementに比べ案件ごとにカスタマイズする余地が大きい契約です。ビジネス上の懸念や達成したい事項を明確にし，どのような規定に落とし込むかリーガルアドバイザーとよく相談して交渉することが重要です。

- 事業およびビジネス上の目的

- 対象会社概要
- 株式保有割合
- 各当事者の事業上の役割
- 取締役会（Board of Directors）に関する事項
- スーパーバイザリーボード（Supervisory Board）に関する事項
  ※法域によっては，会社の機関としてSupervisory Boardの設置が可能である
  場合があります。Supervisory Boardとは，取締役の監視機関として設置さ
  れるものですが，日本の監査役と異なりその権限設定は比較的柔軟に認めら
  れている場合が多く，海外企業による買収後はSupervisory Boardを通じた
  ガバナンス体制を採用することが多いです。
- 株主留保事項
- 取締役会留保事項
- スーパーバイザリーボード留保事項
- 株主に対する報告事項
- 対象会社のファイナンスに関する事項
- 配当に関する事項
- エクイティ引受権（Pre-emptive Rights）
  ※対象会社が新たにエクイティを発行した場合，持株割合に応じて各株主が引
  き受ける権利を規定することがあり，Pre-emptive Rightsと呼ばれています。
  各株主の持株比率維持を可能とすることを目的に規定されますが，資金を伴
  うものですので，引き受ける義務を負うものではありません。
- 先買権（First refusal right）（Right of first offer）
  ※株主が対象会社の株式を譲渡する場合に，事前に他の株主に買い取る権利を
  与える場合の規定です。他の株主が自己に売り渡すよう条件を提示できる権
  利を規定する場合と第三者から提示された条件で他の株主が当該株式を買い
  受ける権利を規定する場合とがあります。
- タグアロング，ドラッグアロング（Tag along right/Drag along right）
  ※Tag along rightとは，株主（一定の持株比率を要求することが多いです）が
  第三者に株式を譲渡する場合に他の株主が自分の株式も同様の条件で当該第
  三者に売却することを要求する権利です。主要株主がExitする場合に残され

　　　た少数株主も一緒にExitすることを可能にするために規定されます。Drag
　　　along rightとは，株主（同上）が第三者に株式を譲渡する場合に他の株主に
　　　対して彼らの株式も同様の条件で第三者に売却することを要求する権利です。
　　　主要株主が対象会社を売却したい場合に一部譲渡では買手がつきにくいこと
　　　から100％譲渡を可能にするために規定されます。
- 売渡請求権，買取請求権（Put Option/Call Option）
　　　※Put Optionとは，相手方株主に対して自己の株式を買い受けることを要求す
　　　る権利，Call Optionとは逆に売り渡すことを要求する権利です。一定事由
　　　が生じた場合に，Majorityの株主にCall Option，Minorityの株主にPut Op-
　　　tionを与えることが多いです。一定事由の中に単なる期間の経過を含めるこ
　　　とで，後に株式を売却するまたは買い取ることを確実にすることもできます。
- 対象会社清算事由
- 競業避止義務
- 表明保証
- 費用
- 守秘義務
- 準拠法／紛争解決

　条項サンプルは以下のとおりです。

Article 1 .　Interpretation
Article 2 .　Business of the JVC
Article 3 .　Matters requiring consent of shareholders
Article 4 .　Directors and management
Article 5 .　Finance for the JVC
Article 6 .　Restrictions on parties
Article 7 .　Business Plan
Article 8 .　Reporting matters
Article 9 .　Dividend policy
Article10.　Tax matters

(3) レビューでの注意点

・レビューの観点

　M&Aによる買収の文脈で締結するShareholder Agreementの場合，買主がMajorityを取得し，売主である対象会社マネジメントが少数株主となるケースが多いです。会社の運営に関する事項については，法律上基本的に多数株主が決定できます。そのため，この点に関しては，Shareholder Agreementは，通常であればマジョリティ株主が決定権限を有するところをマイノリティの株主に契約上一定の権利を与えるところに主眼があります。したがって会社の運営に関する事項については，マジョリティ株主はなるべく合意事項を少なくした

ほうが有利です。他方で株式保有に関する事項に関しては，マジョリティであるからといって基本的に株主である相手方の行為を強制することはできません。例えば，マジョリティ株主がマイノリティ株主の株式を強制的に取得することはできません。したがって，株式保有に関する事項についてはマジョリティ側も，必要な項目を積極的に要求していく必要があります。

　また上述のとおり，Shareholder Agreementは他の契約と比較し，各案件ごとの個別の事情を反映する余地が大きい契約です。まず事業担当者から今後対象会社を運営していく上でのビジネス上の必要事項を聞き取り，それを法的合意に落としていくという観点がより重要です。例えば，会社の経営不振やレピュテーションリスクを害するような問題が生じた場合に100％子会社化を可能にするビジネス上の要望がある場合もあれば，マジョリティであっても，外資規制対応やレギュレーション対応等一定の状況でExitを確保する必要がある場合もあると思います。リーガルとして工夫の余地の多い契約ですので，よく吟味して作成することが望ましいです。

・出口戦略

Shareholder Agreement締結時には，直近のビジネス運営に目がいきがちですが，出口戦略を明確に規定しておくことは重要です。例えば，最終的に100％買収を目指すのであれば，期間以外に条件のないCall Optionを規定する必要があります。また，少数株式を売主に保有させ続けている理由が経営へのコミットメントである場合，対象会社の役員が何らかの理由で辞めた場合にはCall Optionを行使できるようにしておくことが必要かもしれません。

　将来の株式譲渡を定めた場合の価格の規定も重要です。合弁関係終了の場面は特に株式売買価格等金銭面について紛争が生じることが多いので，特に価格関連の規定はできる限り明確にしておくことが必要です。加えて場合によっては，価格は株式譲渡が生じた事由に応じて個別に規定することも必要です。例えば，対象者の契約違反や犯罪行為等の帰責性がある場合の買取価格は市場価格よりも安価に取得できるようにしておく等があり得ます。

• Supervisory Boardの活用

買収後は対象会社の経営は現地に任せながらも，一定の監視をしていく企業が多いと思われます。ガバナンス体制の詳細は各国の法制で異なりますが，one tire（原則株主がDirectorを任命する形式）とtwo tire（例えば，株主がSupervisory Boardを任命してSupervisory BoardがDirectorを任命する形式等）があり，後者の場合Supervisory Boardという機関の設置が可能です。後者のような，two tireを採用する国で買収を行った場合のガバナンス体制について質問を受けることが多いため，ここで少し記載します。

Supervisory Boardは監査役と訳されることもありますが，日本での監査役と比較し，より深く事業に関与することも可能である機関というイメージです。多くの国でSupervisory Boardの権限は定款で柔軟に設定が可能です。そのため，一定金額以上の事業上の取引など通常の業務運営に関する事項も承認対象とすることができます。日本企業がtwo tireの制度を採用する法域で買収を行った場合，Directorは現地のマネジメントを指名する一方，会計に関することだけでなく事業上重要な事項も比較的多くSupervisory Boardの承認事項とした上で，Supervisory Boardの過半数を買収企業が指名したメンバーとすることで監視をする形とすることが多いようです。

他方で，あえてSupervisory Boardを設置せずまたは権限を最低限にした上で，本社から取締役を出して事業を監視するケースもあります。

自社の希望に応じたガバナンス体制が現地法上可能なのかも含め，買収前から検討しておくことが必要です。

13　CFIUS Notification/Filing

(1)　必要となる場面とタイミング

　CFIUS（対米外国投資委員会）へのファイリングは一部の米国企業の買収で
のみ必要となるものです。しかし昨今CFIUSの監視が厳しくなったともいわ
れ，日本企業でも届出を行うケースが増えているため本項で取り上げたいと思
います。

　CFIUSは，米国の国家安全保障への悪影響を生じるかという観点から，外
国投資家からの一定の要件を満たす投資・買収を審査する権限を持つ機関です。
一定の取引に該当すると届出が義務づけられますが，多くの届出は買収後に
CFIUSに問題視され買収を覆されるリスクを排除するため任意に行われてい
ます。

　対象会社の業務内容等により，取引がCFIUSの関心の対象となる可能性が
ある場合，デューデリジェンスの開始と同時にCFIUSの届出を行うかの検討
も開始します。この際対象会社がどのような技術を保有しているのか，どのよ
うな情報を持っているのか等，対象会社に対して技術的な内容の確認が必要と
なるため，デューデリジェンスでの情報請求と一緒に必要な情報を取得するの
が効率的です。ただし通常のデューデリジェンスに比較し，詳細な技術的確認
が必要なので，より時間を要する可能性もあるので注意が必要です。

　CFIUSの届出には，Declaration Filing（簡易手続）とNotice Filing（正式手
続）があります。簡易手続では，レビュー期間は30日とされており，正式手続
では，調査まで行われた場合には90日です。準備すべき書面の内容も異なって
おり，通常届出資料の作成は，正式手続の場合2～3週間，簡易手続では1～
2週間程度必要です。

(2)　主な内容

　記載すべき主な内容は以下のとおりです。ただし，当局との事前相談の中で含めるべき事項を指示されるなど詳細を協議するので，追加で情報が必要になる場合もあります。Notice Filingでは買収後新規に就任する役員について，経歴等の記載が求められるので，買収後本社から就任予定の役員がいる場合は留意が必要です。

- 当事者，買収の概要，買収の背景，事業のスコープ等
- 買収を行う海外企業の名称，米国住所，ウェブサイトアドレス，国籍，事業を行う地域，設立国，登録住所等。　※買収企業の親会社や中間特殊会社がある場合にはこれらの会社の情報の記載も必要です。
- 対象会社の名称，住所，ウェブサイトアドレス，事業を行う地域，設立国等
- 最終親会社の支配者（上場会社の場合5％を超える株主の情報）
- クロージング日
- 買収額等　※Filing Feeの計算基準になります。
- ファイナンス提供者（銀行等）
- 米国企業買収後取得する情報の内容や経営権の取得に関する質問事項への回答
- 対象会社の事業内容，マーケットシェア，競合，NAICSコード等
- 政府機関との契約や取引，援助を受けている契約等に関する情報
- 対象会社の事業に関するサイバーセキュリティ体制
- Critical Infrastructureに関するもの，国防など一定の事業を行っているかの各質問に対する回答
- Sensitive personal data等一定の情報の取扱いの有無と概要
- 政府機関から与えられた許認可の有無
- 軍関連技術保有の有無
- 買収者の事業概要
- 買収後の事業運営（変更等）に関する事項
- 買収者に対する海外政府の権限等の有無および概要
- 過去に行った他のファイリング等

(3)　レビューでの注意点

　当局は買収者のガバナンス体制（株主の権利行使の範囲や方法等）について記載を求められることが多く，この場合，日本の会社法規制や買収者の社内規則の説明が必要となります。また，買収後の情報管理やセキュリティ体制について，対象会社は買主の社内規制に従うことになりますが，この点の説明を求められることも多いです。これらの事項は現地事務所に任せることはできず，日本側で入念に確認する必要があります。海外向けに一般に公表されている情報等も利用して当局にうまくインプットすることが求められます。

14 Merger Control Filing

(1) 必要となる場面とタイミング

　買主や対象会社の売上によっては，世界のいずれかの国で競争法上の届出（Merger Control Filing）が必要になる場合があります。「自社と対象会社は競合ではないから不要」と考えている方もいるかもしれませんが，当該届出の要否は買主が対象会社と競合関係にあるか否かにかかわらず要否が判断されるので注意が必要です。さらに，買主や対象会社の所在国だけではなく，両者が売上を有する他の国でも基準を満たせば届出が必要です。また，保有資産の額など売上基準以外で要否を判断する国もあります。

　届出の要否を判断するため，自社グループの国別売上高データが必要です。会社によっては事業上一定地域でまとめてデータをとっている等で，国別データが存在せず，準備に時間を要するケースも見受けられます。この点クロスボーダー M&Aを頻繁に行っている企業の場合，Merger Control Filingの確認が必要になった場合に備え，あらかじめ毎年国別データを準備していることもあるようです。

　Merger Control Filingが必要である場合，クロージングは当該手続の完了まで待たなければならず，案件全体のスケジュールに影響を与えてしまいます。そのため，案件の初期の段階でいずれの国でMerger Control Filingが必要になるかを確認することがディール全体のスケジュール管理上望ましいです。

　届出が必要である場合，通常，買収契約の締結後に届出を行います。しかし，届出書の準備に一定時間がかかるため，買収契約の内容がある程度固まった段階で契約締結前に準備を開始すべきです。特に多数の国で届出が必要となる場合には準備に相応の時間が必要になります。もっとも，必要となる情報，準備すべき資料や作成すべき書類は重複することが多いため，日本側で基本的な情報や書類を整理し，一括して各国に共有できるような体制を整える等，効率よ

く各国の準備を進めることが重要です。

(2)　主な内容

　各国により要求される記載内容は異なりますが，大枠以下のような内容を記載する必要があります。

- 買主（最終親会社を含みます）および対象会社の概要（子会社の状況，事業内容等）
- 各当事者の財務数値
- 各当事者の連絡先および代表者（※通常は外部弁護士になります）
- 案件の詳細（案件ストラクチャー，案件の目的等）
- 買収後の支配関係（最終的な支配を有する者の特定や契約上最終親会社に影響を有している者の有無等）
- 市場の状況に関する情報および競争への影響

　添付書類として通常以下の書類を提出することが求められます。その他，国により各種書類を添付しなければならない場合が多いです。

- 買収契約
- 各当事者のannual report
- Power of Attorney（※届出を弁護士に依頼する委任状です）

　ロシアなど，国によっては提供すべき情報や書類の量が非常に多く，準備に時間がかかる場合があります。そのような国でファイリングが必要となった場合には全体スケジュールを調整するなどの対応が必要です。

(3) レビューでの注意点

• 情報管理

　届出書には，買主と対象会社の事業に関する情報（売上詳細等）を記載する必要があります。これには，買収完了前であるため相手方に開示できないような守秘性の高い情報も含まれています。そのため，ドラフトする外部弁護士のみが双方の情報を受領し，秘密情報を黒塗りにしたnon-confidential versionとすべての事項を記載したconfidential versionの2つのドラフトを作成した上，前者を各当事者に確認してもらう形で進めます。対象会社に確認のためドラフトを送付する前に外部弁護士に自社の情報の一部を黒塗りにしたconfidential versionを準備させ，確認をすることが必要です。黒塗りされている情報の範囲が自社にとって十分かは会社側でよく確認すべきです。

• 日本特有の問題

　海外のファイリングをする場合，日本の会社名が紛らわしいため当局に説明が必要である場合があります。日本には，財閥などの歴史的背景から同じ名称を使用していても事業上の関係はない会社も存在します（●●グループ等）。そのような会社が対象会社の競合かつ大企業である場合，当局の誤解により余計な懸念を生じる場合もありますので注意が必要です。

• マーケット情報

　提出書面では市場シェアや市場の情報，競合他社の存在などの記載が求められることが多いです。時には該当する統計が存在しなかったり，当社が情報を持っていなかったりすることもあります。そのような場合に多大な労力を使って準備しようとする会社もありますが，案外代替手段の提案で進められることも多いです。そのため，自社が準備できるものを踏まえて，どのような資料を提供するのか自社や日本の事情をよく知る弁護士とよく相談し当局と交渉するなど柔軟な対応で進める姿勢が有益です。

15 Policy(R&W Insurance/W&I Insurance)

(1) 必要となる場面とタイミング

　表明保証保険を付す場合には，売主との買収契約の交渉と同時並行で，保険会社との間の保険契約について交渉することになります。表明保証保険の付保対象と買収契約の賠償内容が全く同じとなるとは限りませんが，基本的には本件の内容は買収契約に規定された表明保証をベースとします。そのため，契約交渉は連動していますし，買収契約がファイナルにならないと保険契約の内容も固まりません。

　もっとも，買収契約の内容に合意できるのは署名予定日直前であることが多く，その後に保険の交渉をしていたのでは署名に間に合いません。そのため，買収契約の日々変わる交渉状況を，ポイントを絞った適宜のタイミングで共有しながら保険会社とも同時並行で交渉していく必要があります。多くの案件で非常にタイトなスケジュールになるので，両方の交渉の進捗を効率よく進めるようスケジュール管理が重要です。これは数多くの保険利用案件経験を踏まえたノウハウが必要となるところです。

　付保手続は1つの保険会社を選択する前に，まず複数の保険会社からの概算の見積りを取得するところから開始します。複数社からの見積りは，余裕をもって検討できるよう案件の初期段階で出してもらうことが有用です。これは通常ブローカーを通じて取得するもので，各社見積りの取得に約1週間強を要します。その後，比較検討の上付保手続を開始する保険会社を選定し，買収契約の交渉と並行して保険内容を交渉していきます。この過程に1カ月くらい要するイメージです。必要な期間は国によっても異なり，英国や米国等表明保証保険の歴史が長い国では比較的速やかに全体の手続が行われ，1.5～2週間くらいで完了することもあります。

(2)　主な内容

　Policyに含まれる主な内容は以下のとおりです。

- 保険の概要

　冒頭部分に保険の概要が表形式で記載されています。

　✓ Insured

　✓ Insurer

　✓ Policy Period

　✓ Policy Number

　✓ Limit of Liability

　✓ Retention

　✓ Premium

　✓ Insurance Broker

　✓ Commission

　✓ Acquisition Agreement

　✓ Target Company

- 定義

※Policyでは，本件のトリガーとなる事由や対象となる賠償の範囲等多くの重要な概念が定義規定に入っていることが多いです。

- 付保額，リテンション，保険金の計算

※付保額は保険金の上限額，リテンションは当該額まで損害が発生しないと保険金が下りないという最低額です。その他保険金付保の対象となる内容が記載されます。本文では概念だけ規定し，内容は定義規定を参照していることが多いです。

- 保険請求手続等（Claim Notice）

※保険を請求する際の請求手続や保険対象となる事項に関する情報を保険会社に適宜提供する義務等が規定されます。

- 第三者からの請求に関する対応とDefense Cost

※第三者から保険の対象となる請求を受けた場合に誠実に対応する義務等が規定

されます。第三者からの請求に対応するために生じたコストも保険の対象とされていることが多いです。

• 代位（Subrogation）等

※代位関係や他の保険と本保険との関係が規定されます。表明保証保険では保険会社による売主への求償権は詐欺などの場合を除き放棄されることが多いです。

• 通知

• 準拠法／紛争解決

• 買収契約の変更禁止

• 雑則

　その他以下のような添付書類がつけられます。

• No Claim Declaration

※被保険者が保険請求の根拠となる事情を認識していないこと等を誓約する書面のひな形です。保険契約時およびクロージング時に提出が必要になります。

• 買収契約の写し

• 認識対象リスト

※買主の認識とみなされる対象者のリストが添付されます。買主の代表者や主要なディールメンバーを含めることが要求されます。買主としては少ないほうが有利ですが，保険会社からは最低限数名の記載は求められることが多いです。

　表明保証保険には欧州型と北米型がありますが，前者の場合，保険契約に添付されたチャートで各表明保証項目についてどの項目が保険の対象となるのか特定されます。他方で後者の場合，表明保証違反全般が保険の対象となり逆に免責する項目を限定列挙します。そのため，一般的に欧州型に比べてカバーの範囲が広くなります（ただし，保険料は高めです）。

　項目サンプルは以下のとおりです。

Ⅰ．Insurance Agreement

Ⅱ．Definitions

Ⅲ．Liability under the Policy, Retention, Calculation of Loss

Ⅳ．Claim Notice

Ⅴ．Reporting/Cooperation, Maintenance of Records

Ⅵ．Defense of Third Party Claim, Settlement, Payment of Loss

Ⅶ．Mitigation, Subrogation, Reimbursement, Other insurance

Ⅷ．Notice

Ⅸ．Authorization of Named Insured

Ⅹ．Dispute Resolution

Ⅺ．Miscellaneous

   a） Entire Agreement

   b） Construction

   c） Headings

   d） Amendment

   e） Assignment

   f） Loss Payee

   g） Benefit

   h） Territory

   i） Choice of Law

Ⅻ．Acquisition Agreement

ⅩⅢ．Breach of Obligation

ⅩⅣ．Exclusion of Loss on Trade Sanction

ⅩⅤ．Foreign Exchange

ⅩⅥ．Premium, Refund, Cancellation

(3) レビューでの注意点

　表明保証条項の中でどの部分が保険のカバーから除外されるのかは最も重要なポイントです。重要な項目が付保対象から除外されてしまった場合，改めて売主に対して補償を請求し交渉する必要が生じる場合もあります。できるだけ早くドラフトを入手し入念に確認・交渉すべきです。

　保険契約は保険会社のひな形で基本修正要求はできないと思われがちですが，

実際には保険会社も不合理な要求でなければ応諾してくれることも多いです。内容はしっかりレビューし必要な修正は交渉するべきです。保険契約のMark-upのやりとりは，少なくとも2～3回ほど行うことが望ましいです。

　買収契約は署名時まで交渉の結果を踏まえて修正が続きます。署名前の段階で保険契約と買収契約の内容に齟齬が生じていないか確認する必要があります。

16 Escrow Agreement

(1) 必要となる場面とタイミング

　売主に対する損害賠償請求権の担保や価格調整金の担保のため，買収代金の一部を一定期間エスクローに入れておくという合意をした場合に必要になる契約です。典型的には上記目的で設定されますが，その他の理由でエスクローを設定する場合もあります。例えば，コロナウイルス蔓延の初期には，欧米をはじめとした国々で種々の補助金が設定されデューデリジェンスを行うと，ほとんどの場合に対象会社が補助金を取得していたといった時期がありました。この点，補助金の返済免除には条件がついていることが多く，免除が受けられなかった場合，対象会社に損害が生じることから補助金返還が生じた場合に備えエスクローを設定するなどのアレンジもよく行われていました。

　資金を預かる者（Escrow Agent）が銀行になるのか公証人になるのか弁護士か等は国により異なりますが，いずれの場合であってもEscrow Agreementを締結することが必要です。

　Escrow AgreementはEscrow Agent側でひな形を提示することが多く，当該ひな形を売主および買主双方でレビューします。大きな交渉になる論点は少なく，1〜2回のやりとりで1〜2週間くらいで合意するイメージです。

(2) 主な内容

　Escrow Agreementには，大要以下の内容が規定されます。

- Escrow Agentを任命すること
- 税務上の扱い
- エスクローの期間

- エスクロー期間の満了または両当事者の共同指示（joint instruction）または裁判所の最終判決等紛争解決の書面（Final Award）がある場合にのみエスクローの資金が支払われること
- 買主が売主に買収契約上の損害賠償請求を行った場合のEscrow Agentへの通知等の手続
- Escrow Agentに指示を出すことのできる各当事者の代表者の明示（authorized representative）およびその連絡先
- Escrow Agentは契約に従った指示に依拠することができることおよび各当事者に電話等での確認ができること
- Escrow Agentの責任限定に関する規定
- Escrow Agentの辞任と承継に関する規定
- エスクローフィー
- 通知先

　その他別紙として，エスクローへの指示書のフォーマットと各authorized representativeの署名証明が添付されるのが通常です。
　条項サンプルは以下のとおりです。

1．Appointment
2．Fund; Investment, Interest
3．Disposition and Termination
4．Escrow Agent
5．Succession
6．Compensation of Escrow Agent
7．Indemnification and Reimbursement
8．Notices
9．Compliance with Court and Governmental Order
10．Miscellaneous

(3) レビューでの注意点

　合意（Joint instruction）によりエスクロー資金をリリースできる形になっているのは当然ですが，買主側から売主側に請求を行った場合に，一定事由があれば売主の合意なくしてエスクローに保管してある資金が確実に買主にリリースされる形になっているかは重要な確認ポイントです。最終判決や仲裁判断（Final Award）が出た場合に買主が単独でもリリースを指示することができる形になっているか，買主側から請求がされた際には最終的に合意に至るまで売主側にはリリースされない形になっているか等を確認する必要があります。

　エスクローを使う場合，国によってはnegative interestが発生する場合もあるので留意が必要です。

17　Service Agreement/Management Agreement/Employment Agreement

(1)　必要となる場面とタイミング

　買収後，対象会社のマネジメントに引き続きその運営をしてもらう場合，買収後のリテンションのためのインセンティブプランや買主グループとして遵守が必要な事項等を含めた内容とするため，当該マネジメントとの間の既存の契約を終了し，新たに経営委任のためのService Agreementや雇用契約（Employment Agreement）を締結する場合があります。また，そのような事項を含めない場合であっても，買収前にオーナー企業だった場合，既存のService AgreementやEmployment Agreementが不合理にオーナーに有利になっている場合もあり，そのようなケースでは全体の見直しが必要になります。

　これらの契約を締結することが予定されている場合，買収契約上当該契約の締結をCondition Precedent（実行前提条件）とすることが多いです。しかし，契約署名後クロージングまでの間に協議，合意する形とすると交渉が長びきクロージングが遅れるおそれがあるので，署名時までに内容を合意し，買収契約に添付する形にすることが望ましいです。また，内容的にも売主が対象となるマネジメントと同一の場合，売買価格と交渉が連動している場合があります。例えば，売買価格のディスカウントを求める代わりに，ボーナスの条件をよくする等の場合です。そのため，買収契約の交渉と同時並行でマネジメントとの雇用契約の交渉を行う必要があります。

　作成手続としては，買主側でドラフトを提示し，各マネジメントの確認を得るのに1～2週間を要するイメージです。なお，新たにインセンティブやボーナスを付与する場合には，買主側からの提示前に税務上の影響も含めて検討する必要があるので，十分な時間の余裕をもって準備することが望ましいです。

(2) 主な内容

　雇用契約は各国の労働法制に従って作成する必要があるため，国により内容が異なります。例えば米国ではat will契約という自由に終了可能である形式にすることが多いですが，ヨーロッパでは経営陣であっても解雇規制の適用のある契約とすることもよくあります。

　Employment Agreementの項目サンプルは以下のとおりです。

- Employment：雇用関係であること
- Term：期間の有無および内容
- Duties：職責やtitle等
- Place of Performance：勤務場所
- Compensation：給与や福利厚生等。以下は項目例
  - ✓ Base Salary
  - ✓ Bonus
  - ✓ Insurance Benefits
  - ✓ Paid Time Off
  - ✓ Expenses
- Termination/Severance Payment

※終了事由ごとに退職金の扱いが異なるものとし，場合分けする例です。
  - ✓ Termination for Cause
  - ✓ Termination for Death or Total and Permanent Incapacity
  - ✓ Termination by Company Without Cause
  - ✓ Termination by Employee
- Non-Competition/Non-Solicitation of Company Employees

※米国カリフォルニア州のように競業避止を規定することができない法域もあります。
- Non-Disclosure of Confidential Information
- Intellectual Property

※職務上発生した知的財産を会社に帰属させるための規定です。
- Governing Law/Dispute Resolution
- Miscellaneous

(3)　レビューの注意点

　労働法の適用を受ける雇用の形式で契約することとした場合の雇用契約は，各法域の特徴が色濃く出る契約です。例えば，国により有効に競業避止義務や守秘義務を課すためには十分な根拠規定を入れる必要があったり，知的財産を会社に帰属させるための要件が存在したりします。また，雇用後に一定期間競業避止義務を課す場合には法定の補償を支払わなければならない国もあります。この場合には，競業避止義務を課すべきか，補償金の支払を避けるため課さないほうが経済的合理性を有するのか事業上の検討が必要になります。各国のひな形をベースに作成することが多いと思われますが，ビジネス上の合意を反映させ修正を入れる場合も必ず現地法制と整合しているかの確認をすることが必要です。

18 Legal Opinion

(1) 必要となる場面とタイミング

　国内の買収案件でも，買収契約の締結に際し，自社の登記事項証明書や買収契約締結を承認した取締役会議事録の写しの提出を求められることがあります。クロスボーダー案件ではほとんどの案件で有効な署名や契約締結の証明のための書面提出を求められます。この点，海外の会社の場合，日本の登記事項証明書や取締役会議事録の写しの有効性の確認ができないことから，これに代わって会社の設立や契約締結の有効性，社内手続の完了や署名者の署名権限について外部弁護士による法律意見書（Legal Opinion）の提出を求められることも多いです。

　その場合，自社の日本側弁護士に，定款や社内規定，買収に係る取締役会決議の議事録等を確認した上で作成させる必要があります。時間を要する書面ではありませんが，どのような事項をオピニオンの対象とするのか，日本側弁護士と相手方弁護士で交渉が必要なので，時間的余裕をもって指示するのが安全です。大きな問題がなければ弁護士への必要資料の提供から1～2日で日本弁護士が準備できるはずです。

(2) 主な内容

> ・法律事務所が意見書を出すのに確認した書類の列挙
> ・法律事務所のディスクレーマー
> ・法律事務所の意見
> ※何を意見の対象とするかは相手方弁護士との協議事項です。

(3)　レビューでの注意点

　弁護士が自身の名で出すLegal Opinionなので，会社の担当者が直接レビューしてコメントする機会は少ないと思われます。ただし，署名の段階になって出したOpinionの内容に争いが生じないよう日本側弁護士と相手方弁護士との間で内容についてきちんと合意してから意見書を出してもらうことが重要です。過去に経験の少ないリーガルアドバイザーの場合，勝手がわからないケースも見受けられますので，しっかり指示することが重要です。

19 Closing Check List

(1) 必要となる場面とタイミング

買収上クロージングまでに行うべき事項が多くあります。サイニング後クロージングまで，両当事者でその進捗を管理するため，To doを列挙したリストであるClosing Check Listを作成するのが便利です。

サイニング後速やかに法律事務所に作成を指示し，両当事者がこのリストにやるべき事項のステータスを記入する形で進捗を管理します。

クロージングの前日には，各当事者のTo doが完了し，必要書面が揃っていることを両者の弁護士で確認します（Pre Closingといいます）。以前は，どちらかの法律事務所に集合し実際に書面の原本を確認する形でPre Closingを行うこともありましたが，現在はオンラインやメールで行うことがほとんどです。

契約の署名の前後で法律事務所にClosing Check Listの作成を指示します。

(2) 主な内容

クロージング前に行う事項，クロージング時に行う事項およびクロージング後に行う事項について，①内容，②担当当事者，③期限，④ステータスの項目が記載されます。ワードファイルで数ページのことが多いです。

(3) レビューでの注意点

買収契約で規定されている事項が漏れなく網羅されているか確認が必要です。また，買収契約で規定されていなくても当事者間の合意でクロージングまでに行うべき事項や提供すべき書面がある場合にはCheck Listに含めておくと便利です。

コラム②

～海外事務所との連携

　筆者は日本の弁護士なので，クロスボーダー案件では海外の事務所と協業することがほとんどです。海外事務所に関しては，大規模事務所の弁護士だけでなく専門領域に特化した事務所や少人数で大手事務所から独立した勢いのある弁護士等，1カ国につき複数の連携先を持つようにしています。案件の規模や特性，予算感等に応じ最適なチームを形成するためです。各案件では，今までの協業での経験に基づき選択したメンバーで海外チームを形成しますが，最も案件に即した最高の体制で臨むため，複数の国にわたる案件であえて各国ごとに別の法律事務所の弁護士を起用することもあります。もちろん案件のマネジメントは日本側で責任をもって対応していますので，このような起用の仕方で依頼企業に不便をかけることはありません。M&Aは時間との戦いであることも多く，海外事務所によるデューデリジェンスのコントロールや抜けのない確認のための管理，相手方との交渉や契約への反映を日本のリーガルアドバイザーが責任をもって行うのはもちろん，対クライアントとのやりとりでも窓口を日本のリーガルアドバイザーに一本化し，佳境時は24時間体制で対応することが重要と考えています。もちろんクライアントは英語が堪能であることも多いのですが，時差も言語の壁もなく，思った時に指示を出したり説明を受けたりすることで時間と労力を効率的に使い，より重要な問題の検討や意思決定に注力していただくことが案件の成功につながると考えています。

第 **3** 章

最終契約のギモン

Q1　典型的な買収契約の内容は？

典型的な買収契約の概要を教えてください。

クロスボーダー M&Aでも，国内案件同様に株式取得および事業譲渡，それに加え合併が多く使われるストラクチャーです。本項ではこれらのストラクチャーで使われる契約の典型的な内容を概観します。

解説

　日本企業が海外の非上場会社を買収するという場合，①株式を取得する方法，②事業譲渡を受ける方法，③合併による方法で行われることが多いです。どのストラクチャーを採用するのかにより契約の内容は異なりますが，目的とするところは同じなので，相手方との交渉において論点となることが多い事項はある程度重複しています。そこで，最もスタンダードな株式取得の場合について契約書に記載される主な内容を見ていきましょう。

- 売買合意：売買の合意を明確にするため，売買に合意した旨が明記されます。
- 売買価格：売買価格の決定方法が記載されます。価格決定の方法は大きく分けて，①価格調整方式および②ロックボックス方式の2パターンがあります
- 価格条項：上記のうち両当事者が合意した価格決定方法に応じた内容になります。
- リーケッジ（Leakage）（※ロックボックス方式の場合）：売買価格がロックドボックス方式により決められている場合，価格決定の基準とした日以降，配当や不当な価格での資産譲渡等による株主（売主）への資金流出（リーケッジ）は認めるべきではありません。そこでリーケッジとして防ぐべき資金流出を列挙し，基準日以降当該行為があった場合には売主から買主または対象会社に補償すべき旨が規定されます。
- 誓約事項（Covenants）：契約署名日とクロージング日が同じ日であることを前提として契約を作成する案件もありますが，多くの場合別の日であることを前提にドラフトします（なお，結果として同日になったとしても齟齬がない形で

作成することは技術的に可能です）。契約署名日とクロージング日が別の日であるとした場合，買主は契約署名後，一定の条件が満たされた場合に買収を完了する義務を負っていますが，クロージングまでは株式の譲渡は行われないため売主が経営権を有しています。そこで，契約署名日からクロージング日まで，売主に対して，Covenantsとして今までどおり事業を運営し，通常から逸脱する行為を行うことを禁止することを規定します。加えて，多くの場合，個々に禁止行為を列挙し，売主が当該行為を行う場合には事前に買主の承諾を得るべき旨も規定します。

- 実行前提条件（Condition Precedent）：契約署名からクロージングまでに売主または買主が満たさなければならない事項を規定します。相手方が満たすべき実行前提条件が満たされない限り当該当事者はクロージングをする義務を負いません。売主，買主各自について記載されますが，主な目的は売主が満たすべき事項を規定することであり，買主の実行前提条件としてデューデリジェンス等で発覚した問題の売主による対応等が規定されることが多いです。

- クロージング時の行為：クロージング時に行うべき事項が列挙されます。買主の義務として金銭の支払，売主の義務として，株式譲渡のために当該国の法令上必要な事項等が規定されます。役員の変更等も規定されることが多いです。クロージング時に交付すべき書面はクロージングデリバラブル（closing deliverable）と呼ばれます。

- エスクロー（Escrow）：買主による売主に対する請求の担保としてエスクローが設けられる場合にはその概要が規定されます。

- 保険関連規定：表明保証保険を付保する場合には保険に関連する規定が入れられます。

- 表明保証（Representations and Warranties）：当事者による表明保証が規定されます。買主は，契約締結権限等の基本的な表明保証のみを行い，売主はそれに加え対象会社に関する事業上の表明保証を行います。

- 第三者からの請求（Third Party Claim）：クロージング後対象会社が買主の経営下に入った後に第三者から対象会社が何らかの請求（例えば，第三者の特許権を侵害しているという訴訟等）を受けることがあり得ます。当該請求が売主の表明保証違反を構成する場合には，結果的に賠償責任を負う売主に防御の機会を与えるのが適切です。詳細はいろいろなパターンがありますが，表明保証責

任を生じるような請求を買主が受けた場合には，売主が買主に代わって訴訟を遂行することを選択できるなど売主に一定の関与を認める規定が入れられるのが通常です。

- 損害賠償請求の制限：買主から売主に対する損害賠償請求について，①時間的制限（Time limitation），②請求の上限額（CAP），③請求条件（De minimis/Threshold/Tipping Basket/Deductible）が規定されることが多いです。
- 特別補償（Special Indemnity/Specific Indemnity）：買主が知っていた事項については，一般の表明保証違反を構成しないという規定（Anti-sandbagging）が契約書に規定されることも多いです。またそのような規定がなかったとしても，国や州によっては当然請求ができないと解釈されている場合もあります。そこで，買主がすでに知っている事項については，当該事項から損害が生じた場合には売主が補償すべき旨を特定した形で規定することにより損害賠償請求を可能とします。これが特別補償です。
- 雑則：雑則として以下の事項が規定されます。
  - ✓ 守秘義務および公表に相手方の事前承諾を要すること（Announcement and Confidentiality）
  - ✓ 費用負担（Cost and Expenses）
  - ✓ 権利を行使しないことが権利放棄とみなされないこと（Waiver）
  - ✓ 契約や権利義務の譲渡禁止（Assignment/Transfer）
  - ✓ 当該契約が当事者の合意のすべてであること（Entire Agreement）
  - ✓ 修正は書面によるべきこと（Amendment/Modification）
  - ✓ 各自の通知先（Notice）
  - ✓ 準拠法および紛争解決方法（Governing Law/Dispute Resolution）
- 定義：契約書中で使われる用語の定義リストが記載されます。定義リストは別紙とされることが多いです。

Q2 契約交渉のポイントとなる事項は？

契約書の中で，交渉のポイントとなる事項を教えてください。

契約書の中で，多くの案件で相手方と交渉することになるいくつかの典型的論点があります。これらをあらかじめ知っておくことにより，効率的に交渉準備をすることができます。具体的には，売買価格の決定方法，実行前提条件，売主に対する損害賠償請求権の担保，売主に対する損害賠償請求権の制限内容が該当します。

解説 ....

1　売買価格の決定方法

　売買価格の決定方法として，大きくロックドボックス方式および価格調整方式があり，どちらの方式をとるのかは交渉ポイントになります。どちらの方式を採用するのかにより，契約の内容が大きく異なってくるので，この点を決めないまま弁護士に契約書をドラフトさせてしまうと，後の修正が生じた場合にタイムチャージで課金される弁護士フィーに無駄が生じてしまう上，時間のロスにもなります。そのため，自社がドラフトをする場合や相手側から提供されたドラフトに修正を入れる場合，この点は相手方と合意してから弁護士に指示を出したほうがよいでしょう。LOI締結の段階でどちらの方式を採用するか相手方との間で合意してしまうケースも多いです。

2　実行前提条件

　実行前提条件（Condition Precedent）とは，当該事項が満たされない限り，相手方当事者がクロージングの義務を負わないという事項です。主に交渉の対象になるのは，これが達成されないと買主側がクロージング（代金支払）を拒むことができる事項，つまり売主が達成すべき事項としての「買主の実行前提

条件」として何を規定するかです。買主の実行前提条件を多く規定するとそれ
だけクロージングの確実性が下がるので，売主側は買主の実行前提条件を増や
すことを嫌います。他方で買主側としては，デューデリジェンスで発覚した重
要な問題等，対象会社が有する問題の対応を完了してからクロージングをする
のが安全です。デューデリジェンスで発覚した問題点に対する契約書での対応
は種々の方法がありますが，買主側としては，問題が解決されなければクロー
ジングを拒否することができるよう実行前提条件として規定するのが最も安全
です。

3　損害賠償請求権の担保

　売主に対する損害賠償請求権の行使が契約上可能であっても，相手方に資力
がなければ損害を回収することができません。売主の資力に関するリスクは売
主の属性に大きく左右されます。事業を営んでいる大規模な上場会社等であれ
ば比較的リスクは低いですが，個人の売主の場合，資産隠しのリスクもあり，
より慎重な対応が必要です。また，ファンドの場合，売却後に清算が予定され
ている場合もあり，損害賠償請求の相手方が消滅してしまうことすらあり得ま
す。このような場合に備えた担保の有無，その内容も交渉ポイントとなります。
リスク対応の必要性と売主の性質を踏まえて交渉の作戦を考えることになりま
す。

4　損害賠償請求権の制限

　売主に対する損害賠償請求権には一定の制限をつけるのが通常です。このよ
うな制限の内容は交渉ポイントとなります。実務上は，各損害賠償請求権の制
限項目の数字とエスクローの額等の定量的な合意が必要な事項についてパッケ
ージでの交渉となることが多いです。そのため，パッケージ交渉を見据えて初
期の段階では手の内を開示しすぎないことも必要です。なお，欧州の相手方は
このようなパッケージ交渉を好む傾向にある印象です。国の特性も踏まえて作
戦を立てる必要があります。

Q 3　売買価格の決定方法の選び方は？

　売買価格の決定方法の選択肢とメリットとデメリットを教えてください。

　売買価格の決定方法として，ロックドボックス方式と価格調整方式があります。一般的には，売主はロックドボックス方式，買主は価格調整方式を好むといわれますが，必ずしもどちらが得というわけではなく，事案に応じた検討が必要です。本項では，各方法の概要やメリット，デメリットを解説します。

解説

　売買価格の決定方法について契約書上どのような方法を採用するのかは大きな論点の1つです。価格算定のベースとなる企業価値（Enterprise Value）の計算は法務マターではなく，外部のFA等により算出されることの多いバリュエーションを踏まえて売主との間でビジネス上合意すべき事項ですが，バリュエーションの額をベースにどのような方法で売買価格を支払うのか，というのが契約書における検討事項です。

　売買価格は対象会社の企業価値をベースに，純資産と運転資本（Net Debt and Working Capital）の額に応じて，増額または減額をして決定されるのが通常です。「価格調整方式」では，そのような調整をクロージング日時点での純資産と運転資本に基づいて計算します。この場合，契約書上，クロージング日に支払う売買価格はクロージング日の純資産および運転資本の予測値に基づいて決定され，クロージング後にクロージング日付の計算書類を作成し，予測値との差分について買主または売主が支払うことで調整することが規定されます。少額の支払の煩雑さを避けるため，一定の額を超えて差額が発生した場合のみに支払うとするケースもあります。

　これに対してロックドボックス方式では，ある時点（多くは監査済最新計算書類の作成日）を基準日として当該基準日の純資産と運転資本に基づいて上記調整を行い，売買価格を契約書締結時点で固定します。その代わり，契約書で

は，リーケッジ（Leakage）禁止が規定されます。基準日以降，クロージングまでの間は対象会社は売主の支配下にあり，株主への配当や不適切な価格での資産譲渡等により純資産が不当に株主に流出したりするおそれがあるため，これを禁止する規定です。また，価格調整方式でも規定されるものですが，コベナンツ（Covenants）の中の通常の事業運営（Normal Course of Business）を行う義務も，ロックドボックス方式を採用した場合，価格調整方式の場合よりもさらに厳しく規定されることが多いです。

　価格調整方式のメリットは公平性です。クロージング時点で対象会社を譲渡する以上当該日における対象会社の価値を譲渡価格とするのが公平であるからです。デメリットは，売買価格の最終決定に費用と時間がかかる可能性がある点です。価格調整方式を採用した場合，クロージング日時点の計算書類の内容についてクロージング後売主と買主の間で合意する必要があるので，この手続についても契約書に規定されます。通常は，買主が一定期間内に作成し売主に送付，売主側で確認し，異議があれば一定期間内に通知，両者協議の上合意に至らなければ公平な外部の第三者（利害関係のない大手会計事務所など）の判断に委ねるという形がとられます。したがって，計算書類の内容に異議が出た場合には，当該判断者に支払う費用や，当該手続を行う時間が必要となります。

　ロックドボックス方式のメリットは簡易性です。前述のような計算書類確定の時間と費用は生じません。デメリットは，特に買主側からすると，売主による事業運営にもかかわらず基準日以降の事業リスクを負い，売買価格が不適切になってしまう可能性がある点です。特にクロージングのタイミングによっては，クロージングと基準日の間がかなり長くなってしまう可能性もあり，その場合，ロックドボックス方式はあまり好ましくありません。

　上記のとおり価格調整方式が，クロージング時点での対象会社の価値で譲渡価格を決める建付であるのに対し，ロックドボックス方式では，基準日以降の通常の事業運営による純資産および運転資本の変動リスクは買主が負うことになります。このため，買主は価格調整方式を好むことが多いのですが，急成長中の対象会社である場合にはキャッシュがたまっていくことが予測されるので，価格調整にした場合売買価格が上昇する可能性もあり，必ずしもロックドボックス方式のほうが買主に不利であるとは限りません。もっとも，ロックドボッ

クス方式を採用すると，売買価格が契約時点で確定するため売主はロックドボックス方式を好むことが多いです。

　実際の案件では，最新の監査済計算書類の日付とディールのスケジュールの関係や対象会社の事業状況を踏まえて，どちらの方式を採用するのが望ましいのか検討すべきです。

　契約書をレビューする際，この論点について注意すべきことがあります。価格調整方式の場合，価格決定の基準となる会計項目を別紙の形で添付することが多いです。この項目に誤りがあると，価格調整の額に影響があるため非常に重要な別紙です。しかし，会計に関する内容であるため，法務部門だけでなく弁護士ですら確認がおろそかになりがちです。外部会計アドバイザーとも連携し注意して確認することが重要です。また，ロックドボックス方式の場合，リーケッジとして記載される項目に漏れがないかの確認が重要です。加えて許容されるリーケッジの項目（Permitted Leakage）も契約上規定されますが，当該項目に不当な支払等が含まれていないかも確認すべきポイントです。

	ロックドボックス方式	価格調整方式
メリット	・手続がシンプル	・両者にとって公平
デメリット	・売買価格が不適切になる可能性あり ・最新計算書類の基準日とクロージング日が離れすぎている場合利用が難しい	・価格決定に費用と時間がかかる可能性あり
契約上の注意点	・リーケッジ禁止規定，許容リーケッジ規定，コベナンツを注意して確認すべき	・価格調整の基準となる会計項目を注意して確認すべき

Q 4　売主に対する損害賠償請求権の担保はどう確保する？

売主の責任を規定したものの，賠償が生じても支払えるのか，売主の資力に不安があります。買収後損害賠償請求が生じた場合に備えて契約上どのような対応が可能でしょうか。

売主に対する損害賠償請求権を担保するための対応策として，主に買収代金の一部後払，買収代金の一部エスクロー，表明保証保険の利用といった手法があります。また，売買価格の支払としてアーンアウトが規定されている場合には，アーンアウト支払額との相殺が期待できる場合もあります。それに加え，売主が事業を行わないホールディング会社である，等売主の性質によってはグループ会社による保証を求めることが望ましいです。本項では，売主への損害賠償請求権を担保するためとり得る方法と各案件の性質に応じた注意点を記載します。

解説 ·········

　M&Aの最終契約では，売主が対象会社の事業について一定の表明保証を行い，当該表明保証の違反があった場合，買主がそれにより生じた損害の賠償を請求できるとされるのが通常です。しかし，実際に損害賠償請求をしようとした際に，売主に賠償をする資力がないと，事実上損害を回収することができません。例えば，売主がファンドである場合，すでに買収で得た利益を配当してしまっていたり，ファンド自体を解散してしまっていたりするリスクがありますし，個人である場合，資産隠しをされる可能性もあります。そこで，買主にとっては将来の損害賠償請求権を担保するアレンジをしておくことが望ましいです。また，売主が事業会社である場合でも，当該会社の経営状況に不安があることもあるかと思います。そのようなリスクに対しては，以下のような対応策があり得ます。

　なお，これらの対応策は相互に排他的なものではなく，重複して利用することもできます。買主である企業としてどのレベルのリスクヘッジが必要である

のかを検討し，下記対応の１つまたは複数の組み合わせで売主との妥協点を探ることになります。

- **買収代金の後払**

　買収代金の一部を一定期間経過後に支払うことにし，当該期間経過前に損害賠償請求権が生じた場合には後払額から控除するという対応策です。もっとも，買主が契約書の規定に反して残額を支払わないリスクがあるので，売主が受け入れることは稀で，双方の信頼関係に依拠する国内案件と異なり，より契約上の明確な対応を重視するクロスボーダー取引ではほぼ使われません。

　もっとも，売主がM&A案件に通じたファンド等ではなく，個人で他により重視する要件があるなど柔軟な対応の可能性がある案件では，応諾されたら儲けものという前提で提案してみることもあり得ます。

- **買収代金のエスクロー**

　クロージング時に支払う買収代金の一部を第三者が管理する口座（Escrow Account（エスクロー口座））に一定期間預けておき，損害賠償請求権が生じた場合には両者の合意や最終判決により決定された損害額は買主に送金され（リリースと呼ばれます），当該一定期間内に損害賠償請求がなかった場合（またはあった場合でもエスクロー額に満たない場合には損害賠償請求を超える部分）は売主にリリースされるというアレンジです。エスクローの期間内に買主から売主に対して損害賠償請求等があった場合には，最終判断が出るまで当該額はリリースされません。このような合意をすることで，買主としては一定期間損害賠償請求権の担保が確保される一方で，売主としては利害関係のない第三者が資金を管理するため買主の意思によって不当に支払が留保されるおそれはなくなります。資金を預かる第三者（Escrow Agent）は，金融機関や公証人など，国により異なります。実務上は，筆者のような外部弁護士が普段から付き合いのある弁護士にEscrow Agentを紹介することが多いです。なお，エスクローに入れる資金は表明保証違反に基づく損害賠償請求の担保の他，両当事者が合意すれば特別補償等他の目的にも使えるので（ここが後述の表明保証保険と違うところです），使用目的も交渉のポイントとなり得ます。

　柔軟な利用ができる担保なので，買主にとっては望ましいアレンジです。他方で売主はクロージング時に買収代金の一部を受け取ることができないことになり

ます。そのため，ファンドや資金の運用を重視する事業会社，特に解散時期が近く投資家に速やかに配当する必要のあるファンドなどが売主の場合，交渉が困難な場合もあります。買主にとっては非常にメリットがあるものの，交渉の困難性がデメリットともいえます。

• 表明保証保険の利用

　買主から売主への表明保証の違反に基づく損害賠償請求が生じた場合に，売主に代わって保険会社が支払うという内容の保険商品（W&I Insurance/R&W Insurance（表明保証保険））を利用することもあり得ます。

　表明保証保険のメリットは，買主および売主双方にあります。買主にとっては，信頼できる保険会社の資力をあてにできること，（売主に直接請求して請求の可否について争う場合に比較し）一般的に保険会社は必要な書面を付して請求すれば支払ってくれる可能性が高いことから損害回収の確実性，容易性が期待できることです。売主にとっては，売買代金の全額の支払をクロージング時に受けられること，契約の建付によっては自らの賠償責任を大きく軽減できることです。ただし，エスクローと異なり，請求の対象が表明保証違反に基づくものに限られていること，表明保証違反の中でも一定範囲の請求は保険のカバーから外れることといった買主にとってのデメリットもあります。

　表明保証保険は，オーストラリアや欧米では昔から利用されており，参入保険会社も多く，保険の条件も合理的で手続も速やかに行うことができます。他方でまだ表明保証保険の市場が成熟していない国では，思うような保険を付すことができない可能性もあります。どの国で買収を行うのか（子会社も含めて保険の対象とする場合にはどの国に対象会社の子会社があるのか）によって表明保証保険の検討可能性が異なってくる点も注意が必要です。なお，日本でも数年前に日本の保険会社が参入を開始し，昨今利便性が増してきています。

• 保証

　売手が特別目的会社（SPC）である場合や事業を行わないオーナーの保有会社，ホールディングス会社である場合，実業を営んでいないため，簡単に売主であるエンティティから資金を引き揚げることができるので，特に売主の資力に対する懸念が大きいです。そこで，事業を営む親会社や子会社，オーナーに保証を求めることが通常です。

- 相殺

　売買代金の支払に関して，アーンアウトが規定されている場合，当該支払と表明保証違反の損害賠償請求を相殺することで支払の確保を期待することができます。ただし，どの程度期待できるかはアーンアウトの内容によります。アーンアウトの条件が比較的緩く設定され，支払うことになる可能性が高い場合には，相殺に一定程度依拠して他の対応策をあきらめるという方針もあり得ますが，クロージング時に主要な売買代金は支払っており，達成可能性の難しいアーンアウトをボーナス的に規定しているという案件ではあまり有効ではありません。

　どんなに有利な契約条件を勝ち取っても，実際に請求できなければ意味がありません。契約内容自体の交渉に注力するあまり，この点を見落としてしまうことのないよう注意が必要です。

Q5 売主に対する損害賠償請求権の範囲を交渉する際のポイントは？

売主に対する損害賠償請求権の範囲を交渉する際のポイントを教えてください。

売主に対する損害賠償請求権は，請求額の上限，請求期間，最低請求金額という観点から限定するのが通常です。また，制限の対象となる請求権が何かという点は盲点になりやすいので注意して確認すべきです。有意義な交渉をするためには，論点となるポイントを理解しておくことが重要です。本項ではこれらの概念の概要と交渉上の注意点を解説します。

解説

買収契約で売主がクロージング後に負い得る責任には，表明保証違反，特別補償違反，コベナンツ違反，リーケッジ違反等があります。本項では，これらの責任をどのような概念で制限するのかについて解説します。

1 請求額の上限（CAP）

損害賠償請求額の上限を制限する概念です。「売買価格の額の○％」という形で交渉されることが多いです。なお，アーンアウトを規定した場合には「売買価格」がアーンアウト込みなのか否かも交渉する上で意識する必要があります。

CAPは請求の根拠ごとに設定される場合もあります。この場合，有効な設立や契約締結権原等非常に基本的な事項に関する表明保証（Fundamental Warranty）についてはCAPなし，または買収価格と同額とし，それ以外の項目は30％や20％とするなどして分けて規定されることが多いです。

2 時効（Time Limitation）

　損害賠償請求をいつまでできるのか，という点についても制限を設けることが通常です。Fundamental Warrantyおよび税務等に関しては，他の表明保証より長い期間が設けられることが多いです。

　表明保証違反は，買主の管理下で買収後対象会社の財務書類を確認することにより発覚することが多いです。したがって，買主側の視点からは，買収後監査済財務書類を十分確認できる猶予をもった期間としておくことが1つの目安になります。例えば12月末決算の会社で，クロージングが10月だった場合，1年半プラスアルファの期間を設けると2回は確認できるといった具合です。

3 最低請求金額（De minimis/Threshold/Tipping Basket/Deductible）

　多くの案件で，①いくらを超える損害が発生したら契約上損害とみなされるか，②そのように損害とみなされたものについての総額がいくらを超えたら売主に請求することができるか，という2つの概念で売主に対する損害賠償請求に制限を設けます。

4 制限の対象

　契約交渉時には，制限の内容（額や年数）に注力するあまり，何を対象として交渉しているのかについて検討がおろそかになってしまっていることがあります。制限の対象を表明保証違反に基づく損害賠償請求に限る，一切の請求を対象とする，一切の請求を含むとしてもリーケッジ違反等一定の根拠に基づくものは除く等種々のパターンがあり得ます。この点についても契約書のドラフトをよく確認し，注意して交渉することが必要です。

Q6　De minimis/Threshold/Tipping Basket/Deductibleとは？

De minimis/ Threshold /Tipping Basket /Deductibleの概念を説明してください。

> これらは売主に対する請求の最低金額を限定する概念です。M&A案件特有のテクニカルな内容なので，これらを十分理解しないままに交渉してしまうと，後で「そのようなつもりではなかった」ということになりかねません。本項では，これらの概念の内容と交渉時の留意事項を解説します。

解説 ....

De minimis/Threshold/Tipping Basket/Deductibleは買収契約の交渉時よく出てくる用語ですが，M&A案件を初めて行う際には何を意味しているのかわかりづらい場合もあるかと思います。

1　De minimis

De minimisとは，「損害が生じたとしても，De minimisとして規定された額に満たない損害は損害とみなさない」とする概念です。この額に満たない損害は，多数回生じたとしても請求できないので，対象会社の事業の特性を踏まえてどの程度の額で交渉するのかを検討する必要があります。デューデリジェンスを行う過程である程度リスクの内容も把握できるので，デューデリジェンスをした外部アドバイザーともよく相談の上交渉の作戦を立てるべきです。

2　Threshold/Tipping Basket/Deductible

Threshold/Tipping Basketとは，「De minimisを超えた損害の総計が一定以上生じなければ売主に請求することができない」とする概念です。その上で，

当該基準額を超えた場合には，損害全額を請求することができるとする場合を Tipping Basket，超えた部分のみを請求することができるとする場合を Deductibleといいます。

3　交渉時の留意事項

　交渉にあたり，よく「普通はどれくらいの額ですか？」という質問を受けることがあります。一般論として，De minimisは買収額の0.01〜0.1％くらい，Thresholdは１％くらい程度である感覚はありますが，ディールサイズにより大きく異なりますし，過度に一般化して考えるのは危険です。特に，対象会社の業態や事業分野により発生する可能性の高い損害の性質も異なると思われるので，デューデリジェンス等の過程で生じたリスクの性質に応じて，De minimisを重視するのか，Tipping Basketを重視するのかなど各制限の交渉の作戦を検討すべきです。例えば，対象会社の労働管理体制に懸念があり，労働訴訟が多数発生する可能性が高い状況の場合で労働訴訟の１件当たりの額は大きくないことが予測されるケースではDe minimisを大きくしすぎるとどれだけ数が多かったとしても１件当たりの足切りにより労働訴訟を損害に含めることができず，損害賠償請求ができないということになりかねません。他方で，危険物質を扱っており工場で事故が起こった場合は被害が甚大になるおそれがある事業分野ではThresholdが重要になってくるケースもあります。

　一般論を踏まえた上で，各対象会社の性質に応じた検討が重要です。

Q7　契約書面は定義規定も確認すべき？

契約書の定義集の中で特に見るべきポイントを教えてください。

買収契約の冒頭に規定されたり別紙として添付されたりすることが多い定義規定ですが，典型的な内容で重要な交渉のポイントとならない用語も含まれています。他方で，売主との交渉となりやすい定義は，当初から注意して入念な確認をする必要があります。ポイントを押さえておくことで，タイトなスケジュールの中で効率的なレビューをすることができます。本項では，相手方からドラフトを受領した際，特に重点的に確認すべき定義は何かを検討します。

解説

　以下記載した定義は，売主との間で交渉事項となることが多いため，当初から注意して確認することが必要です。

✓ Leakage/Permitted Leakage：売買価格の決定方法として，ロックドボックス方式が採用された場合，クロージングが生じるまで対象会社から売主やその関連者に対する資金流出を禁止するというLeakage禁止を規定し，その上で実務上必要な支払等はPermitted Leakageとして特定した上許容されます。これらの内容は，定義集で規定されることが多いです。この場合，当該定義の内容をよく確認する必要があります。

✓ Accounting Date・Base Date・Locked Box Date（※複数の表現あり）：売買価格の決定方法として，ロックドボックス方式が採用された場合，対象会社の過去の一定時点における計算書類をベースに売買価格を決定します。このようなロックドボックスの基準日となる日を定義集で規定することが多いです。当該日付は，コベナンツやLeakageの基準日となり，またこの日付における計算書類は表明保証の対象ともなる重要なものなので，確認が必要です。

✓ Net Debt/Net Cash/Working Capital：売買価格の決定方法として，価格調整方式が採用された場合，価格調整の対象となるNet Debt/Net Cash/Working

Capitalの項目が非常に重要となります。これらの項目の記載により最終的に支払うべき売買額が変わってくるからです。別紙として記載されている場合もありますが，定義に入っている場合には，特に注意して確認する必要があります。

✓ Long Stop Date・End Date・Outside Date（※複数の表現あり）：この概念は，「この日までにクロージングが生じなかった場合には契約を終了することができる（または自動的に終了する）」という日です。永遠に当事者が買収契約に拘束されるのは不合理なので，一定日までにクロージングが生じない場合に，契約が自動的に終了するとしたり，当事者に解約権を与えたりという効果を規定するものです。売主，買主どちらに有利不利というものではありませんが，クロージングの前提条件が満たされなかった場合等実質的に意味を持ってくる日付なので確認が必要です。

✓ Material Adverse Effect・Material Adverse Change（MAE/MAC）（※複数の表現あり）：「対象会社の事業に重大な影響を与える事項」を規定する定義です。まず重要事項の内容を定義し，業界全体一般に影響を与える事項や法令の変更等一定事項を除外するという形で規定されることが多いです。当該事象に該当した場合の効果は契約により異なりますが，MAE/MACがないことがクロージングの前提条件とされたり，表明保証の中で当該事象に該当しないような事項は表明保証の対象から除外すると規定されたりという形で使われることが多いです。買主側としては，この定義の内容の詳細も不当に広すぎることがないかよく確認する必要があります。

✓ Knowledge：売主の表明保証の中でto the knowledge of the Sellerなどのように売主が知る限りといった限定が付されることがありますが，この認識を定義規定の中で定義することが多いです。実際の認識とするのか，知り得べき事項も含めるのかは典型的な論点です。また，知り得べき事項を含める場合に，一定の重要な役員や従業員を列挙し，当該人物の認識を売主の認識を建付とすることも多いですが，その場合に誰を対象とするのかも重要なポイントです。売主と買主の間で最も交渉になりやすい定義の1つなので確認が必要です。

Q8　契約の署名日とクロージング日を同日とする場合の契約書作成の注意点は？

　契約書の署名とクロージングを同日付で行えば，契約書を簡易にすることができますか。

　署名からクロージングまでに行うべき事項がない場合，当事者間で契約締結日とクロージング日を同日とする合意をすることがあります。同日付を前提とすると，実行前提条件（Condition Precedent）やクロージングまでの誓約事項（Covenants）を規定する必要がないためシンプルな契約書となり，一定限度で交渉を簡易化できるメリットがあります。他方でM&A案件には想定外の事態がつきものなので，万一クロージングが同日に行われなかった場合に備えて，買主側のプロテクションとしてこれらの規定を念のため入れておくべき場合もあります。

解説

　一般的に実行前提条件や誓約事項の入った契約書を見ることが多いため，これらの入っていない契約書を見ると懸念を覚えることがあると思います。

　多くのケースで契約署名とクロージングが別日とされるのは，契約署名からクロージングまでの間に行うべき事項があるからです。例えば，競争法上の届出がいずれかの国で必要とされる場合や米国CFIUS等外資規制上の手続が必要な場合，契約の署名後届出を行い，クリアランスを待ってクロージングを行う必要があります。また，重要契約にチェンジ・オブ・コントロール条項がある場合にクロージング前に契約の相手方から買収への同意を取得することを実行前提条件として規定することがあり，この場合，契約書署名後取引先から同意を取得した上でクロージングを行うことになります。また，当事者の事情，例えば契約署名時にプレスリリースを予定しており，ある時点での署名が望ましいが，クロージングは会計上の理由などから月末や月初としたい場合等に契約署名とクロージングを別日とすることもあります。他方でこのような事情が

ない場合には契約署名とクロージングは必ずしも別日である必要はありません。

　契約署名とクロージングが同日であることを前提とすると「実行前提条件」として規定すべき事項は署名の前提として確認することになりますし，契約署名からクロージングまでの「誓約事項」は不要となるので，契約書はシンプルなものにすることが可能です。契約交渉の論点が少なくなり簡易化されることは同日とするメリットの１つかと思います。

　もっとも，実行前提条件や誓約事項は主に買主のプロテクションとして規定されるものです。クロージングの前提条件や契約署名とクロージングが同日であることを前提とした契約書では，このようなプロテクションが記載されていないので，万一別日になった場合に問題が生じます。そのため，契約署名とクロージングが同日に行われることがほぼ確実というのでない限り，万一契約署名日にクロージングができなくなった場合に備え，念のためこれらの規定を入れておくことも検討すべきです。なお，別日を前提とした契約書であっても，同日となった場合にも法務上齟齬が生じないような契約規定とすることはドラフトテクニックとしては，可能です。

　契約交渉は数週間続きますが，直前で同日での実行が不可能になった場合，その時点から別の契約書の内容を交渉，合意するのは時間的に難しいです。契約署名とクロージングを同日とするかどうかは法務外の状況によることも多いと思いますが，法務としてはどのような状況にも対応できるよう検討することをお勧めします。

Q9　対象会社のマネジメントのリテンションはどう確保する？

　対象会社のマネジメントが買収後離反してしまわないか懸念があります。マネジメントのリテンションのための契約上の対応策を教えてください。

> 海外の会社の運営について，買収企業に運営ノウハウや現地ネットワークがない場合，買収後も少なくとも一定期間は既存マネジメントが引き続き対象会社の経営に携わることが重要となることが多いです。マネジメントのリテンションのためにはいくつかの対応があるので，先方との関係性やディールの背景に照らして使い分けていくことが重要です。本項では，マネジメントのリテンションのために考えられる対応策のオプションとその注意点を記載します。

解説

1　契約書における対応

　契約書上とり得る対応としては以下のようなものがあります。

(1)　クロージングの前提条件を規定する

　マネジメントとの経営委任契約または雇用契約の締結を買収契約中のクロージングの前提条件として買収契約に規定することがあり得ます。当該契約をクロージング時に締結したからといって，（マネジメントにも職業選択の自由がありますので）その後の離反を完全に禁止することはできませんが，クロージングまでに今後の雇用条件やリテンションパッケージについて合意の上契約を締結した場合，事実上クロージング後すぐに会社を離反してしまうリスクは低くなります。

　この場合，マネジメントとの間の契約書の内容について合意できないことで

クロージングが影響を受けることがないよう，買収契約締結時までにマネジメントとの間の契約の内容についても合意し，当該内容を買収契約に添付することが望ましいです。買収契約と同時並行でマネジメントとの契約を交渉する必要があるため，スケジュール管理にも注意する必要があります。

　少しわき道にそれますが，マネジメントとの契約内容を検討する際には，従業員としての雇用法の適用を受ける前提での契約であるのか，そうではないのかを明確にした上で協議すべきです。特に，ヨーロッパ等労働者保護の手厚い法域では，マネジメントが従業員として雇用法の適用を受けることができる建付であるか否かでその効果が大きく異なる場合があります。買主としては，今後経営の見解の相違が生じた場合等の解雇の柔軟性の確保や，社会保障等の負担の関係から雇用法の適用をなるべく避ける形にしたいという場合もあるかと思います。どのような形式によるのかを当事者間で合意した上で，弁護士にレビューを依頼することが必要です。

　なお，すでにマネジメントと対象会社の間で契約書を締結済であり内容変更の予定がないという場合でも，何らかの対応を実行前提条件としておき，リテンションの効果を期待することも多いです。リテンションのための前提条件の設定の仕方は種々あり得るので，柔軟に検討することが重要です。

　ただし，対応策を検討する上での注意点もあります。雇用関係については，現地の雇用法規の適用を受けます。特に雇用法制が厳しい法域では，リテンションを重視して対応をとったことで「雇用の担保」とみなされ，その後の従業員の解雇のハードルを上げてしまうリスクもあります。そのため，従業員のリテンションだけでなく，今後の雇用政策全体に鑑み望ましい対応を検討する必要があります。

⑵　競業避止義務を規定する

　マネジメントに競業避止義務を課した場合，対象者は一定年数自らのビジネスノウハウ等を利用して，他社で活躍したり起業したりして類似の事業を行うことができません。そのため，マネジメントに契約上競業避止義務を課すことで間接的に会社を辞めることを防止する効果があります。

　マネジメントが創業者で，売主でもある場合，買収契約に売主としての競業

避止義務を規定するという方法と，買収後の経営委任契約または雇用契約に競業避止義務を規定するという方法があり得ます。どちらかに規定しておけば十分ではないか，という質問をよく受けますが，両者は競業避止が認められる範囲や競業避止を負う期間が異なる場合があるので，別個に検討することが必要です。

⑶　アーンアウトの支払条件を工夫する

　マネジメントが創業者売主である場合，買収代金の支払についてアーンアウトを採用した上で，アーンアウトの支払について対象会社で勤務していることを条件としたり，自ら離職した場合等には減額する旨の規定をしたりすることがあり得ます。こうすることで，自ら離職した場合，買収代金としてのアーンアウトがもらえなくなるので，間接的に自発的な離反を妨げる効果があります。

　ただし，買主側の事情で解雇した場合や，やむを得ない事情がある場合（病気等）にもアーンアウトの支払をしないというのは不合理なので，どのような場合にアーンアウトの不払や減額の対象になるのか，詳細な規定を置く必要があります。そのため，買収契約の交渉の争点が増える可能性があります。このような条件の設定やそのドラフトは，案件を踏まえた種々のパターンがあり得，専門家としての経験と工夫が生きてくる点でもあります。

2　契約書以外の対応

　契約書での対応以外にも以下のようなソフト面での対策もあり得ます。

⑴　モチベーションの維持を図る

　マネジメントの性格にもよるところが大きいですが，海外の企業に買収されたことで，自らの活躍の場が広がることを期待しているマネジメントも多いと思われます。この点，買手企業のリソースを利用してマネジメントが今まで育ててきた対象会社の事業範囲を拡大すること（例えば買手企業グループのネットワークを通じた対象会社製品の売り込み，双方の技術協力による新製品の発売等）のシナジー効果の実現を具体的に約束して買手企業グループの一員とし

て事業を進めることの自身へのメリットを明確にし，マネジメントとしての自己実現に貢献することで，ソフトな観点から離反を防ぐということもあり得ます。

　また，買収した企業のマネジメントに買手本社の役員その他の地位を付与するということも検討に値します。買手企業の企業文化への理解や共感を深めてもらうこと，買手企業本社の経営者としても責任を感じてもらうことで，買手企業グループの一員としての帰属感を高め，ソフト面での離反の防止を図る趣旨です。この点，日本企業の閉鎖性も指摘されており，国が異なることでのハードルもあると思いますが，あえて本社の役員として迎え入れ，双方の協力体制がより密になっている企業の事例も多くあるようです。

　対象となるマネジメントの要望や性格，買主側の状況を踏まえいろいろな選択肢を検討することが有用です。

Q10　対象会社の従業員のリテンションはどう確保する？

　海外企業である当社による買収後，対象会社従業員の退職が頻発しないか懸念があります。契約上の対応策はありますか。

> 従業員の意思に反して強制的に会社で働くことを義務づけることはできませんが，契約書での工夫により，一定限度リスクを軽減する方法はあります。ただし，リスク回避策を講じすぎたため，反対に将来のリストラが難しくなってしまう可能性もあるので注意が必要です。場合によっては，契約上の対応といったハード面より，むしろソフト面での対応を重視したほうが有効であるケースもあります。本項では，従業員の離反リスクに対する対応策を検討します。

解説

　海外M&Aは外資による買収ケースとなることもあり，買収後一般従業員が大量に退職し業務に影響が出るという懸念がある場合もあるかと思います。

　従業員の意思に反して強制的に雇用を継続する義務を課すことは，どの法域でも認められていません。したがって契約上の対処により100％退職を防ぐということは難しいです。しかし，買収契約上の工夫で一定程度リスクを軽減することは可能です。

　例えば，契約締結からクロージングまで一定期間を要する案件では，売主に契約締結後速やかに従業員に対するアナウンスや案件説明等を行う義務を規定した上で，クロージング時一定の従業員のリテンションをクロージングの実行前提条件として規定することなどの対応があり得ます。外資買収による従業員の離反は，買収の発表から一定期間で生じることが多いと思われ，案件を従業員に説明した上で，その後一定期間内に離職が生じなければ現実的リスクは低いと考えられるためです。また，表明保証の内容を工夫することで売主にプレッシャーを与え，雇用確保を図らせる等といった工夫もあり得ます。

　上記のような契約上の対応とは別に，ソフト面での対応も有益です。対象会

社にカリスマ的なリーダーがいる場合には，経営に関する協議や日本本社への訪問等を通じ本社の歴史や経営方針，企業文化についてよく理解してもらい，ロイヤリティを持ってもらうことで，対象会社全体での買収に対する理解を深めることや日本から技術者等を派遣し交流を図ること等，業界や当該企業の文化を踏まえソフト面からも様々な工夫を行っているケースもあります。

　従業員の大量離反リスクについては，典型的な対応といったものはありませんが，様々な工夫が考えられる論点です。外部アドバイザーとも相談の上案件に応じた工夫をしたいものです。

Q11　競業避止義務を規定する場合の注意点は？

　他国の準拠法である契約書で競業避止義務を規定する場合の注意点を教えてください。

　競業避止義務は，多くの法域で法令上制限が課されています。とはいえ，米国カリフォルニア州のように厳格な制限を課す国，ヨーロッパの一部の国のように金銭的補償を条件とする国，比較的緩やかに認められる国など法域によってレベル感は異なります。また，買収契約に規定するのか，雇用契約に規定するのかで法令上課される制限の範囲が異なることが多いです。対象会社の法域における規制を認識した上で，契約上規定する競業避止義務の範囲について交渉をする必要があります。

解説

　競業避止義務は基本的な権利である職業選択や営業の自由を制限し得るものなので，多くの法域で義務を課すことができる範囲は一定程度制限されています。他方で，例えば売主がマネジメントも兼ねている場合，株式を売却した後それまで取得したノウハウや個人的なネットワークを利用して売却した企業と同じ事業を開始してしまっては，対象会社の顧客が離反してしまうなど買収した事業が大きく影響を受ける可能性があり，売主の競業行為を禁止することが買収の目的達成のため重要であるケースもあります。

　競業避止義務の有効性が認められる範囲については，明確な裁判例がないことも多く，また裁判例があっても個々の事情によるところも大きいので，明確な基準の設定は困難です。しかし，当該国での一定のスタンダードというものはあることが多いです。国によってはかなり厳しい制限がかかり，万一無効とされた場合，その条項だけではなく条項全体が無効となってしまうリスクがあることもあります。売主の競業行為による影響を懸念するあまり高い要求をしがちですが，法的有効性の観点からの検討も必要です。

　また，売主でもあるマネジメントを買収後も対象会社の「雇われ経営者」と

して一定期間維持する場合，競業避止義務を規定する契約は2つあり得ます。マネジメントとの経営委任契約または雇用契約およびM&Aの買収契約です。「片方に規定しておけばいいのではないか」との質問を受けることも多いですが，一般的に雇用契約に規定するより買収契約に規定するほうが，競業避止義務が広く認められます。買収契約での規定の削除を相手方が要求してきた場合に，マネジメントとしての経営委任または雇用契約に同じ内容の競業避止義務を規定したので削除してもデメリットはないと判断するケースも見受けられますが，必ずしもそうとはいえないため注意が必要です。また，通常競業避止の対象期間は，雇用契約では契約中および雇用終了後○年間，買収契約では買収後○年間という形で規定されますので，対象期間も異なります。

　雇用契約に紐づく競業避止義務は，扱っている法域の特性が出やすく国による規制の度合の差異が大きいことも多いので，当該法域の「温度感」も交渉の前提として意識しておくことは有益です。例えば，米国カリフォルニア州等特徴のある法域はチェックしておくべきです。また，前述のとおり雇用契約上の競業避止を課す場合には，一定の金銭の支払を求められる法域もあります。そうなると当該支払と競業避止を課す効果を比較して先方への競業避止義務の要求をする経済的メリットがあるのかを検討する必要が生じます。

　テクニカルな点では，競業避止義務の規定について，義務を負う側が十分メリットがあることの確認規定や無効とされた場合には法令で許容される限度で有効とすべき旨の規定等，できるだけ競業避止義務を有効にするための契約上の対応が必要な国もあります。この場合，競業避止義務の有効性確保のため弁護士に確認の上十分な規定を入れる必要があります。

Q12　競業避止義務の交渉の際の考慮要素は？

売主と競業避止の内容を交渉する場合の注意点を教えてください。

> 買主の立場から売主に対して競業避止義務を課す必要があるかは，売主の性質や事業の状況により大きく異なります。また，売主側の事情として自身の事業内容によってはその性質上受け入れが困難な状況があり得ます。そのため「一般的な水準」より，売主側の事業上の事情と買主側の現実的懸念を踏まえた考慮が必要となる論点の1つです。本項では，競業避止義務の交渉の際の考慮要素を検討します。

解説

　M&A案件では，買収後一定期間売主側に競業避止義務を課すことが多いです。事業を売却したにもかかわらず，従前のノウハウやネットワークを利用して売主が当該事業を積極的に行ってしまうと買主が買収した事業が毀損されてしまう可能性があるからです。競業避止義務の規定では，売主に加えその関連会社に対して，対象会社の事業を自ら営むことに加え，同様の事業を行う会社への投資や援助を行うことも禁止するのが通常です。他方で売主側の事業の性質上，一定の競業避止義務を負うのが難しい場合もあります。例えば，世界的に展開しているファンドの場合，今後も様々な業種の対象会社に投資し，バリューアップのため事業に一定の関与をしていくことが自身のビジネスであるため，グループ会社を含め厳格な競業避止義務を負うと，自らの事業自体を行うことが難しくなってしまいます。また，コングロマリット企業で常にM&Aによって事業ポートフォリオを頻繁に見直している場合も類似の状況です。このようなケースでは交渉の余地なく厳しい競業避止義務は応諾できない場合もあります。このような状況で，通常の事業会社と同じ内容の競業避止義務を交渉することは現実的ではありません。

　他方買主側としても，売主が競業行為を行った場合のリスクのレベルも売主の性質や事業の状況によって大きく異なります。例えば，相手方がファンドで，買収対象企業の経営の源泉は創業者マネジメント等，売主以外であり，売主で

あるファンドのみで事業を行うことは現実的に想定しづらい場合，事業への影響についての懸念が少ないと判断して，競業避止義務は他の条件とバーターで柔軟に対応することもあり得ます。他方で売主がコングロマリット企業でグループ内に対象会社のライバルとなり得る関連会社があり，顧客を奪われてしまう現実的懸念から，競業避止義務を課すことが今後の事業に重要である場合もあります。

　したがって，これについては，過去のM&Aと比較したり一般論で検討したりするのではなく，相手の事業上受け入れることが可能な範囲と当社の懸念のレベルを踏まえて両者協力して落としどころを探るという視点がより必要になります。

　なお，売主側との妥協点を探る上では，売主の事業に照らし許容すべき事項を特定して除外するという方向で検討することも有益です。通常競業避止義務の中の投資禁止の例外として金融投資目的の数％の上場会社投資等が規定されることが多いですが，例えば，それに加え競業避止義務の対象となる事業を行う部門が投資先の売上や利益の一定割合を超えない場合を除外するなどの提案もあり得ます。また，年数の交渉で妥協点を探ることや，競業事業を買収する場合の手続等を工夫し別の観点から競業をけん制するといった対応も検討に値します。

Q13　アーンアウトとは？

アーンアウトの概要と注意点について教えてください。

「アーンアウト」とは，買収対価をクロージング時に全額支払うのではなく，その一部について，ある条件が満たされることを条件に後から支払うというアレンジです。買収価格は，契約時点での売主および買主の対象会社の価値の評価に関する合意をベースに決定されますが，対象会社の価格を決定する際に参照する事業計画への評価に差異があり，対象会社の企業価値について契約書署名時点で合意できない場合に，一定期間支払を留保し，その後の事業成績（利益がどれくらい伸びたか等）に応じて追加代金を支払うという利用の仕方が典型例です。一見便利な方法ですが，実際には「紛争の先延ばし」的に利用され，案件を複雑化させてしまう場合もあり注意が必要です。

解説

　買収価格は，対象会社の企業価値をベースに売主と買主の間で合意するのが通常です。その際に対象会社の事業計画を参照しますが，今後の業績の伸び具合や利益率の改善などについて売主と買主の見解が異なり，合意が難しい場合があります。この場合に有用なのがアーンアウトです。これは，クロージング時に売買価格のすべてを支払うのではなく，その後一定の基準を満たした場合に追加代金を支払うというアレンジです。「一定の基準」は経済指標（例えば一定のEBITDAを達成する等）の場合が多いですが，事業領域や案件の事情に照らしその他の条件を設定することも可能です。

　もっともアーンアウトの利用には注意すべき点もあります。売買価格の支払は一部残っていても，買収自体はクロージング時に完了します。そのため，クロージング後対象会社の運営は買主が行うことになります。売主としては，親会社が他の子会社を利用する等して意図的に売上や利益を減少させアーンアウトの支払を免れるようなことをしないか懸念が生じるのは当然です。また故意ではなくても，買手企業が上場会社であった場合，今まで非上場会社だった対

象会社が上場会社子会社としての対応を行うために追加で費用が必要となった場合や，大企業の傘下に入ることで追加の業務が生じたりして利益に影響を与えた場合など，買収がなければ生じなかったコストなので，売主側はその影響を除外することを要求するでしょう。逆に買主側としては，買収で生じた事業へのメリットの影響の除外を要求することもあり得ます。これらの懸念については通常，買主による一定行為（利益の付け替えやグループ会社間事業譲渡等）の禁止や，アーンアウトの基準となるべき数値の計算方法の調整（追加コストの影響の排除等（Normalization））を規定することで対応します。契約書では当該規定は後に争いが生じないようできる限り明確かつ詳細に記載することが望ましいです。そのため，筆者もドラフトの際には過去問題になったような事項は網羅するようにし，ドラフトテクニックを駆使してなるべく疑義のない内容にするよう，リーガルアドバイザーとしてはできる限り工夫します。とはいえ，事業運営におけるあらゆるケースを契約文言でカバーすることは難しいため，完全に紛争の可能性を排除することはできません。契約書の規定が曖昧な場合はもちろん，かなりしっかりと規定した場合でも支払時に基準とすべき数値について，実際の支払の際に契約の解釈が争いになることも少なくありません。その意味では紛争の先延ばしになりかねず，場合によってはクロージング時に一括して支払うアレンジのほうが簡便で望ましいともいえます。

　また，経済指標とは別の文脈でもアーンアウトが使われることがあります。例えば，製品の当局承認に将来の利益が大きく左右される製薬業界等では，当該承認が得られた場合には，企業の価値も大きく上がることから，追加で買収額を支払う合理性があります。そのため，製薬分野のM&Aでは，当局承認をもってアーンアウトを支払うという建付をとるケースが多いです。この場合，前述した経済指標と比較すると，取得の過程も有無も明確であるため，後の争いは生じにくい傾向にあるので，有効な方策です。

　上記のような典型的な利用方法に加え，アーンアウトは種々の条件の設定が可能なので，案件の状況に照らし工夫して利用すべきです。しかし，繰り返しになりますが，便利な方法である反面，支払の基準の設定内容によっては紛争の先送りになる可能性もあるので，アーンアウトの利用に際しては案件の性質を十分検討することが重要です。

Q14　コベナンツ規定レビューの視点は？

売主のクロージングまでの禁止事項（Covenants）について，どのような点に注意して確認したらいいでしょうか。

買収契約では，署名からクロージングまでの間，売主による事業運営に一定の制約を課します。契約上禁止事項として規定されていますが，実務上はそのような行為を禁止するというより，重要行為に関して買主の承諾を得て行ってもらうという意味もあります。本項では，コベナンツの意義と考慮要素について検討します。

解説

買収契約では，署名からクロージングまでの間，売主の事業運営に一定の制約を課します（Covenants）。すでに買主が買収することが契約書で決まっているにもかかわらず，事業はクロージングまで売主が運営しており，売主により無断で対象会社の事業を大きく変更されてしまうと，買収対象の内容が変わってしまい不合理だからです。規定の仕方としては，事業を従前行ってきたように運営する義務（Normal Course of Business）という一般規定に加え，各種禁止行為を具体的に列挙する方法をとるのが通常です。

列挙する禁止行為は，定款の変更，合併や会社分割等の組織変更行為，解散決議等の会社の重要行為に加え，一定額以上の借入や保証，重要契約の締結，一定レベル以上の従業員の解雇や雇用，事業提携等，事業上の行為についても含めることが多いです。ドラフトの進め方としては，外部弁護士に網羅的な内容をドラフトさせ，案件特有の事情に沿って，カスタマイズしていくのがよいでしょう。では，この場合，どのような観点で検討すればよいのでしょうか。

コベナンツは，禁止行為として規定されていますが，事業を運営している以上，例えばビジネスチャンスに恵まれ一定額以上の契約を締結すべき場合もありますし，従業員の新規雇用が必要になる場合もあります。コベナンツは，このような行為を全面禁止するというよりは「これらの事業運営上重要な行為については，買主の承諾をとってから進めてください」という意味合いがありま

す。買主はデューデリジェンスで確認した事業計画等を基準に売買価格を検討していますし，重要従業員の存在が買収の決め手となっていることもあるので，買収の決定に影響し得る要素については承諾権を持っておく必要があります。他方で，ささいな事業上の行為まで買主の承認をとっていたのでは，事業の円滑な運営に支障が生じてしまいます（特にクロスボーダー案件では対象会社の事業に土地勘がない場合も多く，判断に時間を要することも多いです）。事業に悪影響を与えることは買主側としても望ましくない事態です。

　このような条項の趣旨を踏まえた上で，コベナンツ当該買収を決定する際に会社内部の会議体や内部検討資料等の中で（特に価格を決定する際）検討した事項に影響を与えるような事象がカバーされているか，という観点から確認すべきかと思います。そして，一般的に規定される事項に加え，各案件に応じて必要な規定を追加することも有益です。例えば，当該対象会社を買収する前提として，対象会社とある重要顧客が密接な関係にあることから買収後当社の製品の当該顧客への売り込み機会を得ることを重視しているという場合には，当該顧客との契約の変更等を特定してコベナンツに入れておくといったアレンジもあり得ます。

　どのような項目を規定するかとは別に，交渉の中で論点となることが多いのは，各禁止行為についてOrdinary Course of Businessとして行われた行為を除外するかという点です。売主としては一定の経営の自由度を確保しておきたいのでこのような除外を入れることを望みますが，何が通常の事業運営なのかは一義的に決まるものではありません。このような観念は曖昧で後に紛争となり得ますし，特に重要項目についてはこのような除外を規定することには慎重になるべきです。

Q15 準拠法と紛争解決地はどう決める？

買収契約の準拠法と紛争解決地はどこにすればいいでしょうか。海外の会社の買収の場合でも，日本とすることは可能でしょうか。

準拠法と紛争解決地は相手方との交渉事項です。そのため，日本とすることも理論的には不可能ではありません。もっとも一般的には対象会社の国とすることが多く，また日本法準拠，日本での紛争解決とした場合のデメリットも考慮することが必要です。

解説

準拠法と紛争解決地は，基本的に当事者の合意事項です。A国の対象会社の買収であるからといってA国法およびA国裁判所またはA国仲裁としなければならないと決まっているわけではありません。海外案件であっても，合意により日本とすることも可能です。しかし，A国の株式譲渡である以上，現地法令が不可避的に適用される事項もあり，準拠法との矛盾を防ぐためにこの場合にはA国法が準拠法とされる事案が多いのが現状です。また，紛争解決地についても，買収後紛争になり得るのは対象会社の事業上の表明保証違反（法令違反や税務問題等）である場合が多いことから，A国で判断を仰いだほうが簡易なこともあり，紛争解決地もA国とされることが多いです。

他方で，対象会社の所在国によっては裁判の遅延が著しかったり，公平性に疑義があったりする国もあります。このような場合，準拠法は別として紛争解決地については第三国で合意する場合もあります。英国やスイス，シンガポール等がよく使われています。

売主と買主の間で合意すれば日本とすることもできますが，日本の裁判では英語での弁論ができず，また，仲裁の場合も取扱件数がまだ多くはないこともあり，相手方に受け入れられないことが多いです。相手方とのパワーバランスによりますが，多くの場合はどこの国で買収を行っているのかにより，現地法または第三国を検討するのが現実的な方向かと思われます。

Q16 MAC条項／MAE条項とは？

MAC条項/MAE条項とは何のためのものでしょうか。

Material Adverse ChangeやMaterial Adverse Effectとは，対象会社の事業に重大な影響を与える事象を意味し，クロージングの前提条件として当該事象が生じていないことを要求するという形や表明保証の各項目の保証内容を制限するためなど，契約書の各所で利用される概念です。本項では，MACやMAEの内容およびそれが契約書中どのような形で使われるのかについて解説します。

解説

Material Adverse ChangeやMaterial Adverse Effectとは，対象会社の事業に重大な影響を与える事象を意味し，契約書の中では詳細な定義が規定されます。当該事象に該当した場合の効果は，契約により異なりますが，MAC/MAEがないことがクロージングの前提条件とされたり，基準日以降MAC/MAEが生じていないことを表明保証の対象にしたり，表明保証の中で当該事象に該当しないような事項は表明保証の対象から除外すると規定されたりという形で使われることが多いです。

定義の一例は以下のようなものです。

"Material Adverse Effect" means any event which has or is reasonably expected to have a material adverse effect on the Business , whether known or unknown as of the date of this Agreement; provided that a Material Adverse Effect shall not be deemed to include events arising out of: (i) changes generally affecting, arising out of, or related to political, economic, regulatory or financial or market conditions; (ii) changes in the Applicable Law or generally accepted accounting principles or the interpretation or enforcement thereof; (iii) conditions generally affecting the industries in which the Business operates; (iv) any natural disaster or other force majeure event or any act of war, armed hostilities or terrorism; (v) any actions taken, or failures to take action, or such other changes or events, which the Buyer has requested or to which the Buyer has consented in writing or which actions, or changes or events are expressly required by this Agreement; (vi) the execution or delivery of this Agreement, the consummation of the transactions contemplated hereunder; or (vii) any failure by the Business to meet projections, budgets, forecasts, revenue or earnings predictions or other similar forward looking statements; provided, further, that clauses (i) through (iv) above shall not be applicable to the extent affecting the Business in a significantly disproportionate manner, taken as a whole, as compared to other participants in the industries in which the Business is carried out.

　MAC/MAE条項の要素としては，まず「対象会社またはその事業に重要な影響を与える事象」と定義されます。その上で，市場や世界に一般的に影響を与える事象や法令の変更，当該契約で予定されている事項等一定の事項が除外されます。さらに除外事項であっても，他は大きく影響を受けていないのに対象会社のみに大きな影響を与える事項は除外事項から除外されることもあります（例外の例外）。

　MAC/MAEの定義は典型文言というイメージがあるため確認がおろそかになりがちですが，契約後対象会社事業が重大な悪影響を受けて売上や利益が大きく下がった場合等にクロージングを拒否できる砦になるため重要な概念といえ，注意して確認すべきです。なお，新型コロナウイルス感染症の蔓延により多くの会社が影響を受けた際，その影響がMAC/MAEに該当するかが多くの場面で議論されました。契約によっては，"excluding pandemic"または"including pandemic"と明示があるものもありましたが，多くの契約は明示規定がなかったので，他の規定の仕方からの解釈に頼るしかなく，紛争のもとになりました。その後はこの点を明示する契約が増えましたが，今後ドラフトの際に予測できない事態が生じる可能性もあるので，その点も踏まえて規定を検討することが望ましいです。なお，MAC/MAEはクロージングの前提条件の場合広いほうが買主に有利ですが，表明保証の限定の場合逆です。前者の使い方が最も一般的ですので，以下ではそれを想定して，買主として確認，交渉すべ

きと思われる事項を挙げています。

- 除外事項の範囲

　買主としては，重大な影響を与える事項からの除外事項が不当に広すぎないかを確認する必要があります。

- 将来の事項

　将来的に悪影響を及ぼすことが予測される事項をMAC/MAEに含めることができれば買主に有利となります。サンプルでは，「or is reasonably expected to have a material adverse effect on the Business」という箇所で当該事項を含める形になっています。

- 既知の事項

　売主側は，契約締結時点ですでに発覚している事項はMAC/MAEから除外することを主張することもあり得ますが，これを含めることができれば買主に有利となります。サンプルでは，「whether known or unknown as of the date of this Agreement」という箇所で含める形となっています。

- 例外の例外

　MAC/MAEから除外される事由であっても，業界一般でなく対象会社のみに生じていればMAC/MAEに含まれるというのが上記した「例外の例外」の趣旨です。サンプルでは，「provided, further, that clauses (i) through (iv) above shall not be applicable to the extent affecting the Business in a significantly disproportionate manner, taken as a whole, as compared to other participants in the industries in which the Business is carried out.」として規定されています。

- 重要性の明確化

　MAC/MAE条項は内容が曖昧であるため，実際裁判でMAC/MAEが生じたことを証明することは難しいといわれています。そこでMAC/MAEが生じたという主張を容易にするため，例えば「EBITDAに○割の影響がある場合には重要性要件を満たす」といったように数値化して規定することも考えられます。

　なお，交渉の論点となることも多いMAC/MAE条項ですが，上述のとおり実際裁判となった場合に認めてもらうことは容易ではないといわれています。では，MAC/MAE条項は規定する意味がないのでしょうか。この点，M&A案

件完了の後に紛争となった場合，法的手続までいかず，事前の交渉で賠償金等について合意し和解するケースも多いです。そのような交渉では，契約上どれだけ「主張し得る」事由があるかという点も協議を有利に進めるために重要です。この点，ある程度幅のある記載にすることが多いMAC/MAE条項は問題が生じた際に交渉のツールとして使えます。契約に基づく請求をするケースに加えてこのような観点からも，MAC/MAE条項は交渉する価値があるものと思います。

Q17　Disclosure Letterとは？

　Disclosure Letterの内容と契約交渉での注意点について教えてください。

　Disclosure Letterとは，売主側がすでに認識している表明保証違反を記載して買主に提出するものです。当該書面に記載された事項については，表明保証違反があっても売主に責任を問うことができないため，表明保証とセットとなる重要な書面です。しかし実際には，表明保証の内容の交渉にばかり注力するあまり検討がおろそかになり，買主側が十分に内容を精査することのできないタイミングで提供されることも多いのが現状です。Disclosure Letterの重要性を意識し，適切なスケジューリングをすることが大切です。

解説

　クロスボーダー M&Aの契約では，売主による対象会社の事業に関する詳細な表明保証が規定されることが通常です。「契約に違反していない」「紛争は生じていない」「当局からの通知はない」等抽象的な内容であるため，具体的に該当するような事項がすでに生じてしまっている場合もあります。また，デューデリジェンスや交渉の過程で買主側に開示されている場合には，すでに価格に織り込み済であり，加えて売主に表明保証を求めるのが妥当でない場合もあります。

　このような場合に表明保証違反とされることを避けるために，売主自身で違反を開示する目的で提出される表明保証違反事由のリストがDisclosure Letterと呼ばれるものです。日本では同様の趣旨の書面が作成される場合でも，契約書の別紙形式とされることが多いですが，クロスボーダー取引では多くの場合，売主から買主へのレター形式でドラフトされ，売主が署名します。Disclosure Letterにて開示された事項については，特別補償として別途規定しない限り，表明保証違反の責任を問うことはできない形となっているのが通常です。いくら表明保証の規定で頑張って交渉したとしても，Disclosure Letterに広範な記

載をされてしまうと意味がなくなってしまうので，表明保証とセットとなる重要な書面です。

　もっとも，実際の契約交渉ではメインの契約で規定される表明保証の内容ばかりに注力してしまい，Disclosure Letterの準備が後回しになっていることは少なくありません。しかし，Disclosure Letterの内容は買主側でよく精査し，内容の重要性によっては買収自体を再検討したり，価格を調整したり，特別補償を求めたりするという対応が必要になることもあるので，軽視すべきではありません。

　Disclosure Letterは売主が準備すべき書面ですが，売主には早く提供する大きなインセンティブはありません。そのため，買主が早くから要求しておかないと，契約締結前日になって大量の事項を記載したDisclosure Letterを提供され，よく確認もできないまま契約を締結することになりかねません。契約締結日の前日になってDisclosure Letterがアップデートされ，デューデリジェンスでも発覚しなかった新たな問題事項（訴訟の可能性や従業員や顧客との紛争等）が開示されたというケースもあるので注意が必要です。

　また，Disclosure Letterをレビューする際は，表明保証自体を無意味にしてしまうような規定ぶりになっていないかを注意して確認する必要があります。

　Disclosure Letterは十分に余裕をもって作成してもらい，内容を精査した上で，記載のレビューもしっかり行うことが重要です。記載されている各事由について，対象会社に詳細を確認し，買収を中止すべきかの再検討が必要になることもあるので，それを前提にスケジュールを組む必要があります。表明保証とDisclosure Letterはセットと考え，Disclosure Letterをおろそかにしないようにすべきです。

Q18 仲裁と訴訟どちらを選択する？

紛争解決方法は，仲裁と裁判どちらがよいのでしょうか。

一般的には，クロスボーダー案件では仲裁が望ましい場合のほうが多いですが，両方の特徴を理解した上で各案件に最適な方法を選ぶべきです。本項では両者のメリットとデメリットについて記載します。

解説

買収契約では，契約書に関して紛争が生じた場合の紛争解決方法を規定します。「仲裁と裁判どちらが有利か」はよく質問される事項です。

裁判は，合意した法域における法廷での手続です。対象会社の所在国を紛争解決地に選ぶことが多いため，その場合，日本企業にとっては他国の裁判所になります。裁判手続は，一般的に当事者が合意で変更できる事項が少なく当該国の特徴が強く反映されます。例えば，言語は当該国の公用語が英語ではない場合，現地語となることが多く（この点は国により例外もありますので確認をお勧めします），提出書面の翻訳が必要になる場合もあります。オンラインでの開催が認められているかどうかも国の制度によります。また，裁判手続に要する期間も当該国の裁判実務に左右されます。英語での手続が可能であり，公平で迅速な裁判制度が存在する国であれば裁判を選択することもあり得ますが，そうではない場合，一般には仲裁を採用したほうが便利です。

仲裁とは，当事者が合意した第三者の判断に当事者が拘束されるというもので，多くの国で裁判所の判決と同様の効力が認められています。仲裁の利点として挙げられるのは以下の点です。

① 承認執行の容易性：裁判が各国の判断であることから，他の国での承認執行には当該国の制度に従った手続が必要であるのに対し，仲裁判断はニューヨーク条約加盟国であれば，外国の仲裁判断の執行が簡易な手続で認められます。

② 非公開性：裁判が基本的に公開されるのに対し，当該国の仲裁法により，ほとんどの国で仲裁は非公開で行われます。

③　柔軟性：裁判が各国の制度であるのに対し，仲裁は仲裁人の数や言語等当事者が合意で決めることができます。例えば，言語は両当事者の合意で英語とするのが通常です。

　なお，一般的には，裁判が三審制により複数の段階を経る可能性があることなどから仲裁のほうが費用も時間もかからないというイメージがあるようです。ただ実際は，仲裁人を複数人にし尋問手続等も行った場合，仲裁人のフィーや弁護士費用もそれなりにかかりますし，時間もかかります。また，仲裁は非公開ですので，判断の公平性やクオリティは裁判官と比較して必ずしも担保されているとはいえません。

　上記を総合判断すると，クロスボーダー案件では仲裁が適切なケースが多いと思いますが，法域等にもよりますので特徴を押さえた上で，各案件の事情を踏まえて判断することが必要です。

Q19 紛争解決の費用負担規定の注意点は？

　紛争が生じた際の裁判費用の負担の仕方はどのように規定すべきですか。

　仲裁や裁判に関して生じた費用について国内案件では按分とされていることも多いです。しかし，相手方の国が訴訟を好む傾向にある場合，濫訴を防ぐために敗訴者負担のほうが望ましい場合もあります。本項では，紛争解決の費用負担を検討する場合の考慮要素を検討します。

解説 ....

　契約書に関して紛争が生じた場合の紛争解決条項では，仲裁や裁判に関して生じた費用についてどちらが負担するかについても合意されることが多いです。国内の案件ではシンプルに按分とされていることが多いですが，クロスボーダー案件では，敗訴者負担とされていることのほうが多い印象です。

　どちらが有利かは一概にはいえませんが，実際の案件を見ていると，協議で解決しようとする日本企業に比較し海外の相手方のほうが法的手続に移行するハードルが低い（つまり法的手続に訴えることが多い）ように思われます。この点，費用を敗訴者負担にすると法的手続を開始するハードルが上がります。勝算がないのにやみくもに訴えた場合，相手方の費用まで負担するリスクを負うからです。クロスボーダーでは敗訴者負担のほうが日本企業にとっては利がある場合も多いように思いますので，相手国のお国柄を考えた上で，検討すべきです。

Q20　買主が表明保証違反の事実を知っていても損害賠償請求は可能？

買主が表明保証違反の事実を知っていた場合でも，売主に表明保証違反に基づく請求をすることができますか。

買主が表明保証違反の事実を知っていた場合に表明保証違反の請求をすることができるかは，基本的には交渉事項です。ただし，「請求できる」と規定した場合でも，当該条項の有効性に疑義がある法域もあるので注意が必要です。

解説

　買収の可否を検討するため，ほとんどのケースで買主はデューデリジェンスを行います。その中で買主は対象会社に係属する訴訟や法律違反等問題点を一定程度把握することが可能です。このように買主がすでに知っている事項についても，後に損害賠償の請求ができるのでしょうか。

　請求できるか否かは，基本的には売主との間の交渉事項です。契約上特段規定のないケースもありますが，当事者間の合意を明らかにするため「できない」または「できる」と明示することが望ましいです。「できる」との規定はSand Bagging条項，「できない」との規定はAnti Sand Bagging条項と呼ばれます。なお，日本ではこの点に触れた裁判例はあるものの，このような条項の有効性について明確な判断は出ていません。しかし，法域によってはSand Bagging条項を規定した場合でも，その有効性に疑義がある場合もあり注意が必要です。

　では，当該条項を規定する際，必ず現地の法令について詳細なリサーチをすべきでしょうか。この点，当該条項の有効性について現地の法律事務所を使って詳細なリサーチをさせたり，意見書を書かせたりすると多額なリーガルフィーがかかる可能性があります。それにもかかわらず，多くの国では確定した見解は存在しなかったり，事例判断と言われたりで，はっきりした回答は得られない場合も多いです。そのため，実務上の対応としては，クロスボーダーを多

く扱っている外部アドバイザーに当該法域の「傾向」を念のため確認した上，
Anti Sand Bagging条項を規定する方向で交渉して，たとえ規定できたとして
も無効とされた場合に備え，重要な問題については特別補償も規定しておくと
いうレベルの対応が落としどころだと思います。

Q21　表明保証違反の生じた時期ごとにとるべき対応は違う？

　契約署名時に表明保証違反があった場合と署名後クロージング前に新たな表明保証違反が生じた場合，それぞれどのような対応をすべきでしょうか。

> 　表明保証違反には，契約書署名時にすでに生じていた場合と契約書署名後クロージング前に新しく生じた場合があり得ます。それぞれの場合について補償の対象とするのか否かは交渉事項ですが，明確に意識して交渉されていない場合も多いです。本項では，表明保証違反が生じた時期ごとに契約書上とり得る対応を検討します。

解説

1　契約書署名時に存在した表明保証違反

　契約書署名時に存在した表明保証違反については，署名前に発覚していればDisclosure Letter等で表明保証の対象からは除外した上，価格の減額，特別補償の規定，実行前提条件で当該問題の解決を規定するなど，当該違反に応じた個別の対応が契約上規定されるのが通常です。契約書署名時に存在していても，両当事者が認識しておらず，買収が完了してから発覚した場合には，（署名時を基準として表明保証が規定されている前提で）表明保証違反として買主から売主に対して買収契約に基づき損害賠償請求を行うことになります。

2　契約書署名後に生じた表明保証違反

　契約書署名時には表明保証違反がなかったのに，その後クロージング前に違反が生じた場合はどうでしょうか。例えば，「労働紛争は存在しない」という表明保証に対して，署名後クロージング前に過去の従業員から未払残業請求訴

訟を提起されたような場合です。

　まず，表明保証を売主がいつの時点で行うか，という点は交渉事項です。表明保証は，契約書の署名日およびクロージング日を基準として行うことが多いですが，署名日のみの表明保証であった場合，署名後クロージングまでの間に表明保証違反が生じても表明保証違反に基づく損害賠償請求の対象にはなりません。

　では，署名日およびクロージング日付で表明保証がされていれば必ず請求できるのでしょうか。この点も交渉事項になります。すでに発覚している表明保証違反については，Disclosure Letter等で請求対象から除外することが多いのは前述のとおりです。契約書署名時からクロージング時までの間に新たに表明保証違反が生じ，売主がこれを買主に通知（Disclosureの内容をアップデート）した場合に，表明保証責任を免れることができるかという点も契約書に規定されます（なお，この点，明示がない契約書もあり，その場合は当事者意思の解釈になりますが，後に争いになりかねないので明示的に合意しておくほうが安全です）。契約上売主による署名後の通知により買主の表明保証違反の請求が影響を受けないとされている場合は，表明保証違反の請求が可能です。逆に当該通知により請求できないとされた場合，署名前のDisclosureと異なり，すでに契約書に署名してしまっている以上契約上の他の対応はできないので，買主にとっては想定外の損害を被ってしまうリスクがある点に留意が必要です。

　契約上クロージング時点での表明保証が規定されており，契約書署名後に生じたもののクロージング後に発覚した場合には，クロージング時の表明保証違反として，通常どおり表明保証違反請求を行うことになります。

Q22 表明保証違反を知ったタイミングごとの対応は？

表明保証違反が発覚した時期ごとの対応を教えてください。

表明保証違反は，①デューデリジェンス等により契約書署名前に発覚する場合，②契約書署名後クロージング前に発覚する場合，③クロージング後に発覚する場合があり得ます。本項では，各場合についてどのような対応をすべきかについて解説します。

解説

1 契約書署名前に発覚

多くの場合，表明保証違反となり得る事由はデューデリジェンスを行う中で発覚します。またデューデリジェンスで発覚しなかった事項についても，Disclosure Letter等の契約交渉を通じ署名前に発覚することもあります。このような場合には，価格の減額，クロージングの前提条件として問題の解決を規定する，特別補償事項に規定するなど，具体的に発覚した問題に応じて契約上の対応を交渉することになります。

2 契約書署名後クロージング前に発覚

クロージング前は対象会社の運営は売主が行っているので，契約書署名後クロージング前に表明保証違反が発覚するのは，売主からの連絡によることが多いです。売主がクロージング前に表明保証違反を認識した場合，買主にそれを通知することで表明保証違反を免れることができるのかは，契約書でどのような合意をしたかによります。そのため，まず契約書を確認する必要があります。

売主の通知により買主の表明保証違反に基づく損害賠償請求が妨げられない建付になっている場合，契約書の規定に従い売主に対する請求を行うことがで

きます。もっともクロージング前の場合，契約書の規定とは別に売主との間で交渉により価格を減額し，当該請求は行わないという形でクロージング前に解決してしまうことも多いです。売買価格から控除できるため確実に損害の回収が見込める点で買主側にとっても有利ですし，クロージング後に請求の成否について争う煩雑さも回避できます。そのため，クロージング前に発覚した場合にはこのような協議を行うことも検討に値します。

これに対し，通知があった際に請求できないという建付の契約書にする場合，損害賠償請求で損害を回収することができませんので，重大な事象が生じたときに備え，交渉段階で実行前提条件（LP）を工夫しておくことが望ましいでしょう。

3　クロージング後に発覚

クロージング後に表明保証違反が発覚した場合には，契約上の表明保証違反の規定に基づき買主から売主に損害賠償請求を行うことになります。なお，表明保証違反の基準時を契約書署名時およびクロージング時とせず，署名時のみとしていた場合には，署名後クロージング前に生じた表明保証違反は対象とならないので注意が必要です。

Q23 表明保証違反に基づく損害はどう計算する？

表明保証違反に基づく損害の額はどのように計算するのでしょうか。

売主に対して表明保証違反に基づく損害賠償請求をするには，買主に生じた損害およびその額を証明することが必要です。しかし，表明保証違反による損害は対象会社に発生することが多く，株主である買主自身に生じた損害の額を算定するのは困難な場合が多いです。そのような場合に備え，契約上は後の請求がしやすいよう，損害のみなし規定を入れる等の対応が望ましいです。

解説

　実際に表明保証違反の中で請求されることが多い項目は，買収時に提供された財務書類の内容の誤りや税務，法令遵守等です。その場合，買主に直接損害が生じるのではなく，対象会社に損害が生じ，その株式の価値が下がったために買主に損害が生じたというケースが多いです。この場合，対象会社に生じた損害の額は比較的観念しやすい場合であっても，その結果として対象会社株式の価値がどれくらい下がったのかという点については明確な計算が難しいのが通常です。実務上は，対象会社のバリュエーションを行った際の計算方法等を利用して，何とか損害の計算方法を理論づけることが多いので，この観点からは，バリュエーションの際の資料や根拠は，買収後も整理して保存しておくことが重要です。

　とはいえ，バリュエーション自体恣意的要素が多いものですので，損害賠償請求をしている段階で双方がその計算方法に合意するのは非常に難しいです。したがって，契約書では対象会社に生じた損害は売主に生じたものとみなす旨の規定その他損害賠償額の厳密な計算をしなくても請求できるように契約上の対応をしておくことが望ましいです。

コラム③ 〜日本弁護士に求められること

　クロスボーダーのディールで日本の弁護士に求められる役割は種々ありますが，「経験」も大事な要素なのではないかと思っています。会社固有の事情は社内担当者の方がよくご存じですが，反面，外部弁護士は他社事例を多く扱っています。筆者個人もM&Aを専門とするアドバイザーとしてヨーロッパやアジア各国，オセアニア含め，毎年多くのM&A案件数をこなしてきたことで，日本企業が苦労することの多い問題点や解決ノウハウを蓄積し先回りして対応できるようになってきました。　今では，リーガル業務だけでなく，案件全体の作戦，先方への見せ方，交渉のタイミング，情報の出し方から各ディール費用の投下の濃淡まで戦略的な部分を含めた全体についてアドバイスすることが多いのですが，これも経験に基づくところが大きいように思います。

　加えて小さな点でも経験がものをいいます。例えば，日本の公証文言は多くの国と異なっています。ですので，「公証済書面」と事前に合意してあっても，署名直前になって相手方から「これでは不十分」といわれてしまうこともあります。ささいなことのようですが，プレスリリースも含め綿密に日程を立ててきた中でたった1つの書面でサイニングが遅れてしまうのは大問題です。これはごく一例ですが，見落とされがちな（日本の特性に基づく）小さな問題の種を先回りして1つひとつ潰し，ディール完了までアシストすることも，日本と他国の法制度の違いをよく知る日本の弁護士の役割と考えています。

第 **4** 章

クロスボーダー
M&AのTIP

Q1　創業者オーナーから買収する場合の注意点は？

対象会社の創業者オーナーとして会社を運営するマネジメントが売主でもある場合の注意点を教えてください。

マネジメントが売主である場合，自らのアドバイザー費用等の売主側が負担すべき費用を対象会社に支払わせているケースがあります。買主側はそのような可能性に留意し，意図せず売主側の交渉等の費用（弁護士費用等）を対象会社（買収後の買主）に負担させることが可能な形となっていないか契約書のドラフトをよく確認する必要があります。

解説

買収契約では，契約の作成や交渉までに生じた費用の負担についても合意されます。契約書の最後に雑則として規定されていることが多く，あまり注目されない条項なので確認がおろそかになりがちです。

しかし，契約を締結してもクロージングまでは対象会社は売主の経営下にあります。特に対象会社が個人の創業者に保有されており，当該オーナーが運営している場合には，売主の意識として自らと対象会社を一体ととらえており，自分のための弁護士費用等を対象会社に負担させているケースがあります。この場合には，売買価格の決定方法が価格調整方式の場合，当該費用や債務を価格調整の対象とする，売買価格の決定方法がロックドボックス方式の場合，価格から控除する，等の対応をしないと，売主側の弁護士費用等を結果的に買主が負担するという矛盾する建付になってしまいます。

売主に悪意がない場合もあるので，契約上売主費用を対象会社に負担させない点を明示し，この点の合意を明確にしておくことは，特に売主がマネジメントである場合に有益です。

なお，売主がマネジメントでない場合であっても当該買収により特に生じる費用（例えば特定の税金，買収によりオフィスの場所を移動することが予定さ

れている場合の契約解約金等）に関してどちらかが負担する合意がある場合，同様の対応をする必要があります。

　あまり意識されない条項ですが，実務で争いが生じることが多いので注意が必要です。

Q2 ノンバインディングの書面を締結する意味はあるの？

「Non-binding」の書面を締結する意義やNon-bindingの書面を作成する際の注意点について教えてください。

> 買収手続の初期の段階でのLetter of Intentやオークションの一時ビッドで提出するレターは，多くの場合，法的拘束力のない形（non-binding）で締結されます。Non-bindingではありますが，両者の目指すディールの大枠を記載することで，デューデリジェンス等双方にとって負荷のかかる手続に入る前に，お互いの意図するディールの大枠を確認する意味があります。Non-bindingとはいえ，実質その後の交渉のベースになりますので，内容は吟味が必要です。本項では，Non-binding書面の意義およびレビューの注意点について記載します。

解説 ···

　Letter of Intentは，案件のごく初期の段階で締結するもので，買主が対象会社の買収に前向きであること，想定買収ストラクチャーの概要（100％買収か否か等），想定スケジュール，想定価格等のディールの大枠について，両者の理解を記載した書面です。買主から売主に対してレター形式で出され，売主もこれに同意した旨を示すため署名して返送する形をとることが多いです。デューデリジェンス等双方にとって負荷のかかる手続に入る前に，両者の目指すディールの大枠を確認することが主な目的です。

　一次ビッドでのオファーは，オークション手続に参加した買主候補が最初に提出するものです。通常オークションでは，売主側はデューデリジェンスに進むことのできる1社または少数の買主候補を選定するため一次ビッドの提出を求め，これに通った買主候補のみデューデリジェンスの機会と二次ビッドの提出を許されます。二次ビッド参加者選出のための書面ですが，二次ビッドへ進むとデューデリジェンスや契約のレビューが開始しますので，Letter of Intent

同様，事前に大枠の方向性について両者の認識の確認としても機能します。

　これらの書面は買主候補によるデューデリジェンス実行前の初期の段階で作成されることから，双方の法的義務を構成しないことを明示した形，つまりNon-bindingの形式で締結されることが多いです。買主がまだ対象会社の詳細を確認していない段階の書面であるため，今後の条件変更や案件の停止をすることを妨げられないようNon-bindingを明記しておくことは重要です。なお，法域によってはNon-bindingと記載した場合であっても，内容や形式から一定の法的効力が認められてしまうリスクもあるので，注意すべき法域ではこの点も含めたリーガルチェックをしっかり行うことが必要です。

　ただし，Non-bindingの書面であっても，守秘義務条項等法的拘束力を生じさせるべき一定の条項はbindingとしておくべきです。特に，Letter of Intentでは，売主は一定期間締結相手方買主とのみ交渉し，他の買主候補とは協議しないというExclusivity（独占交渉権）が規定されることがあります。その場合，Exclusivity条項が法的拘束力を有することが明確となるドラフトにしておかないと意味が大きく減少されてしまうので，その点のチェックが必須です。Non-bindingで締結するというイメージにつられてこの点を曖昧にして締結してしまっているケースがあるので注意が必要です。

　その他案件の事情に応じて法的拘束力を与えるべき事項，逆にNon-bindingを確保すべき事項があり得るので初期の段階の書面だからといって軽視せずしっかり検討すべきです。

Q3　売買価格を提示する際の注意点は？

　価格提示の際のDebt free Cash free Basisを前提とする意味を教えてください。

　売買価格は買収交渉において双方が最も重視する点の1つです。そのため，提示する際の記載の仕方には種々注意が必要です。この点，売買価格を相手方に提示する際，「Debt free Cash free Basisを前提とする」という言葉がよく使われますが，テクニカルな概念であるため誤解を生じ，後に売主と買主の間で争いになることも多いので注意が必要です。これは，提示した売買価格は必ずしも当該価格にならないことを後から主張するための布石として重要な意味を持つ概念なので，内容をよく理解しておくことが重要です。

解説

　Letter of Intentの中で価格を記載する際，Debt free Cash free Basisとの前提を明記することが通常です。この表現について，実際の案件では相手方との間で誤解が生じることも多いので注意が必要です。

　売買価格は，対象会社の企業価値をベースに，ある時点でのNet DebtとWorking Capitalの額に応じて調整を加えた上で決定されることが多いです。Letter of Intentの中で価格を提示する場合，そのような調整前の純粋な企業価値であることを示すためにDebt free Cash free Basisと記載します。枕詞的なものと思われがちですが，このような文言を入れることは，交渉上の観点からも「実際の売買価格は変動する可能性があります」ということを主張できるようにするため重要な意味があります。これに加え，with sufficient working capitalという文言を入れる必要がありますが，これも同じような意味を持ちます。

　しかし実際の案件では，外部のアドバイザーが記載する文言をそのまま採用し，深く意味を考えないで締結したため，双方当事者の理解に齟齬が生じる場合がしばしばあります。例えば，相手方がDebt free Cash free Basisとの記載

を，買収時に対象会社の金銭をすべて配当により売主が取得した上で譲渡するという意味だととらえていた，当該記載の趣旨を考慮せず実際支払われる売買代金だととらえていた，等の誤解があり，後に問題となったこともありました。典型文言であるからといって，深く意味を考えないで相手方と合意してしまうと買収条件の中で最も重要な点の1つである価格に関して後に争いになり得ます。当該文言にどのような意味があるのかを自社側で十分理解し，かつ相手方にも必要に応じ説明することが必須です。

　その他事案によって売買価格の決定要因は様々ですので，初期の段階での提示価格を修正する可能性の高い事項については「言い訳」できるようにしておくことが重要です。バリュエーションをした事業担当部門や外部アドバイザーと連携の上，法的文言に適切に反映することが望ましいです。

Q4 「エスクロー」とは？

エスクローという表現が使われる場面は複数あるようです。整理して説明してください。

M&A取引の中で「エスクロー」という言葉が使用される状況は主に2つあります。1つは買主が支払う売買代金の一部を売主に対する補償請求等の担保のため銀行等の第三者に一定期間預けておく「売買代金のエスクロー」です。もう1つは，契約等の書面の締結時に，弁護士間で署名ページの送付はするものの，他の条件が整うまで交付したとはみなされないとするための「署名のエスクロー」です。全く異なる文脈ですが，紛らわしく誤解する方も多いです。本項ではこれらの概念を整理して説明します。

解説

まず，「エスクロー」という用語は契約書署名時の「署名のエスクロー」という形で使われる場合があります。M&Aの契約の署名やクロージング時の署名書面の交換の際には，多数の条件の確認が必要になります。そのため，条件が整ったことを確認してから各書面を締結する必要があります。また，M&A取引では複数の書面への署名が必要になることが多いです。こちら側の署名ページを相手方に交付する前に，先方が必要書面を準備し，かつ署名が必要な書面すべてに署名したことを事前に確認することが望ましいです。なぜならこちらが最初に署名をしてしまった後，先方の書面が不備で契約締結とならなかったり，万一相手方が翻意して契約締結をやめてしまったりというようなことがあってはならないからです。

そこで行うのが「署名のエスクロー」です。これは必要書面の署名ページを自社側弁護士に送り，自社側弁護士は各必要書面および署名が完了していることを示すため相手方弁護士に対してこれを送付しますが，「当職のエスクローの形で送付する」ことを明示します。これは，確認のため書面を送っているものの，署名の効力を生じるものではなく，改めて署名をする旨の連絡（「リリ

ース（release）」と表現します）があるまで当該効果は生じないということを意味するものです。同様に自社側弁護士は相手方弁護士から「エスクロー」の形で相手方の必要書面および署名ページを入手します（なお，必要書面の数は相当数になることも多く，その場合，内容および署名の確認には一定時間を要します）。この段階で双方相手方が必要な書面すべてに署名していることを確認することができます。署名のための条件が整ったことを各自が確認した上で，「リリース」という手続により署名をリリースし，その時点で契約締結となります。

　それとは別に，「売買代金のエスクロー」という形で「エスクロー」という用語が使われる場合もあります。これは，クロージング時に支払う買収代金の一部を，第三者が管理する口座に一部一定期間預けておき，損害賠償請求権が生じた場合には両者の合意や最終判決により損害額は買主に送金（リリース（release）と表現します）され，当該一定期間内に損害賠償請求がなかった場合（またはあった場合でもエスクロー額に満たない場合には損害賠償請求を超える部分）は売主にリリースされるというアレンジです。売主に対する補償請求等を担保する目的で行われるもので，上記期間内に買主から売主に対して補償請求等があった場合には，最終判断が出るまで当該額はリリースされません。このような合意をすることで，買主としては一定期間損害賠償請求権の担保が確保される一方で，売主としては利害関係のない第三者が資金を管理するため，買主の意思によって不当に支払が留保されるおそれはなくなります。

　クロスボーダー M&A にはこのようにテクニカルで誤解を生みやすい用語がいくつかあります。たかが用語の使い方ですが，相手方との交渉の場面では思わぬ誤解につながることも多いので注意が必要です。

Q5　非上場対象会社の情報を入手する方法は？

　売主と協議を開始する前の段階で対象会社に関する情報を入手するにはどのような方法があるでしょうか。

　上場している会社であれば取引所の規則等により多くの情報が公開されていますが，非上場会社の場合そうではありません。では，どのような情報が利用可能なのでしょうか。非上場会社の場合，一般に公開されている情報は限られていますが，日本の登記情報に比較し，海外では公情報（登記等）でより詳細な情報を取得できる場合も多いので，ディールの初期段階で利用すべきです。また，日本の帝国データバンク類似の情報機関の利用も場合によっては有益です。M&A特有の文脈では，個別に売主と協議を開始するかどうかの検討のため，売主側が準備したInformation Memorandumを検討することになります。本項では，公開情報の少ない非上場会社について，案件の初期の段階で入手すべき情報について検討します。

解説

　対象会社の情報を得る方法として，まずウェブサイトを確認すべきです。もっとも海外の会社のウェブサイトはマーケティングを主な目的として作成されており，日本の会社のように会社情報や設立の歴史を正確に記載していない場合も多いです。また，対象会社の規模や国によってはウェブサイト自体がない場合もあります。

　ウェブサイトからの情報が限定的である場合でも，公的な情報は取得可能であり，日本での登記に該当する情報の取得は必須です。むしろ非上場会社の一般公開されている情報で信頼性のあるものは登記くらいしかない場合も多いです。日本では，取締役や会社形態等は登記されるものの大株主等は登記事項ではありませんが，国によって登記で確認できる内容は様々です。日本の登記制度をベースとせず，国によってどのような情報が取得できるのか確認することも有用です。

　また，特に先進国では信用調査会社も現地の取引では頻繁に利用されています。ですので，懸念がある場合には信頼できる調査会社を利用することもあり得ます。もっとも，M&A取引では最終判断の前にデューデリジェンスを行うことが想定されるので，検討段階で費用をかけてまで調査会社を使うというのはよほど懸念がある場合等に限られるでしょう。

　それに加え，売却を検討している売主は買主候補を探すために，対象会社の概要，沿革，事業内容，強み，財務情報等を記載したインフォメーションメモランダム（Information Memorandum）を作成することが多いです。オークション案件では必ず作成される資料です。インフォメーションメモランダムが対象会社の概要を把握する最も基本的な資料なので，作成されている場合はこれを入手し主な情報源にすることになります。

　インフォメーションメモランダムに加え，売主側で買主によるデューデリジェンスの前に自ら外部の専門家を使いデューデリジェンスを行っている場合もあります。これをベンダーデューデリジェンス（Vender Due Diligence）といいます。その場合当該レポートの開示を求めることが有益です。なお，一般に公開されている情報以上の内容が記載されているインフォメーションメモランダムやベンダーデューデリジェンスレポートを入手するためには，先方との間で守秘義務契約の締結を求められます。

　検討段階に応じ適切な情報取得をしていくことが必要です。

Q6　買収よりジョイントベンチャーのほうがリスクは低い？

買収に比べて相手方とのジョイントベンチャーはリスクが低いのでしょうか。

買収のリスクがとれないためジョイントベンチャーの形式に変更するという検討がされることも多いようです。しかしジョイントベンチャーには，100％買収の場合と異なる観点から特有のリスクもあるので，どちらのリスクが高いとは一概にいえません。本項では，買収とジョイントベンチャーのリスクを比較・検討します。

解説

「買収はリスクが高いからジョイントベンチャーを検討する」という意見を聞くことがあります。では，ジョイントベンチャー方式は必ず買収よりリスクが低いといえるのでしょうか。

100％買収は投資額が高額になりますので，投資額という意味ではジョイントベンチャー方式よりリスクは高いです。しかし，企業担当者が気にしている「リスク」は必ずしも投資額だけではなく，例えば汚職が発覚して自社のレピュテーションに影響するというリスクや，財務諸表に欺瞞があって適切な投資でなかったことが後に発覚するリスク等，むしろ直接の金銭的リスク以外のことである場合も多いと思われます。

この観点から，ジョイントベンチャー方式には留意すべき点がいくつかあります。

まず，100％買収の場合，売主もデューデリジェンスにおいてある程度広範な資料を提供してくれるのが通常です。しかしジョイントベンチャーとなると，必ずしもフルデューデリジェンスを行わないことも多いため，デューデリジェンスについて売主側の協力が得られず，十分なデューデリジェンスを行うことができない場合もあります。

また，投資後，ジョイントベンチャー契約を締結し共同運営していくことに

なります。この中で十分な経営権を確保しておくことが重要ですが，海外の会社の運営であるため，ジョイントベンチャーの相手が当該国にある場合，実態としては相手方リードで運営される場合が多いです。そのため，例えば従前からコンプライアンスリスクの懸念があったとしても，100％子会社化した場合に比べ投資後十分な指導，対応をできない可能性もあります。

　さらにジョイントベンチャーの場合，当事者として対象会社の他にジョイントベンチャーの相手方が存在します（これに対して100％買収の場合，売主はExitします）。対象会社は別としてジョイントベンチャーの相手方に対してはデューデリジェンスをフルに行うことはしないことが多いです。対象会社自身のデューデリジェンスで問題がなかったとしても，ジョイントベンチャーの相手方に汚職などの問題があり，投資後に発覚した結果，自社にも影響が生じるリスクがあります。

　また，完全買収に比較し，運営が難しいのがジョイントベンチャーです。ジョイントベンチャー開始時に締結するジョイントベンチャー契約についても，留意点が多く，また相手方との関係や対象ビジネスに応じてカスタマイズが必要であるため，典型的な対応では対処できないという面もあります。

　単にジョイントベンチャーであるからリスクが低いと判断するのではなく，案件の性質に照らしてどのストラクチャーが最も適切なのかを検討することが必要です。

Q7　オークションの実情は？

　M&Aのオークションでは通常どれくらいの数の会社が入札するものでしょうか。

> オークションといっても，実質1社しか入札者がいないケースから多数の入札者が本気で入札しているケース，同国企業の争いであるケースからアジア，ヨーロッパ等幅広い入札者がいるケース等様々です。だからこそ入札前の水面下での情報収集が重要になります。本項では，オークションの実情について解説します。

解説

　買収の手続としてオークションという形式がとられることも多くあります。この場合，どれくらいの競合がいるのが通常なのでしょうか。

　これはまさに「案件による」という他ありません。オークションといいながら実際は候補者が1社しかいないという案件もありますし，本当に10社近い候補者がいる場合もあります。売主側が買収価格を上げたいがために，実質の買主候補が1社しかいないにもかかわらず，わざわざオークションの形式をとっている場合もあります。

　競合の詳細はオークション手続で入札者に開示されませんが，他の入札者の有無や，入札者がいる場合の当該企業の当該案件に対する本気度，その国籍や性質（事業会社なのかファンドなのか，自社や対象会社の競合企業なのか等）は自社の作戦に大きく関わってくるところです。

　したがって，入札の前にできるだけ正確な情報を入手することが有益です。もちろん相手方がそのような情報を提供してくれることは期待できないので，優秀なファイナンシャルアドバイザーを通じた水面下での情報収集，相手方との事業上の関係による非公式な協議等，あらゆる手段を使って情報を入手すべきです。筆者が昔関与したヨーロッパ案件で，相手方のファイナンシャルアドバイザーと協業していた現地弁護士がたまたま学生時代の友人であり，比較的多くの情報を仕入れることができたなどというエピソードもありました。

　筆者も，様々な工夫でできるだけ入札前に状況を把握するようにしています。オークションの正式ルールには厳しい規制が記載されていることも多いですが，外部アドバイザーの経験も踏まえ，実務上問題とならない範囲で柔軟な対応をすることがオークションに勝ち抜くためには重要です。

Q8 守秘義務契約を結ぶ際の注意点は？

守秘義務契約を締結する際の注意点を教えてください。

> 実務上，案件の開始前の段階で締結される守秘義務契約は，タイトな
> タイムラインで締結されることが多く，きちんとレビューをしないま
> ま締結されているケースも見受けられます。しかし守秘義務契約につ
> いても，注意すべき事項があります。本項では，守秘義務契約レビュ
> ーのはずせない注意点を解説します。

解説

　買収先を探している企業担当者には，様々なルートから買収対象候補の情報
が入ります。売主が買主候補を探すために対象会社の概要をまとめた資料はイ
ンフォメーションメモランダム（Information Memorandum）と呼ばれ，対象
会社の概要，沿革，事業内容，強み，財務情報等の非公開情報が記載されてい
ます。そのため，インフォメーションメモランダムを開示してもらうためには，
守秘義務契約（Non-Disclosure Agreementを略してNDAと呼ばれます）を締
結する必要があります。

　実際の案件では，守秘義務契約を締結する際，相手方から「ひな形だから変
更できない」「当該国では通常である」等と伝えられたため，または案件初期
段階の簡易な契約で重要性は低いと判断したため，などの理由でそのままの形
式で締結してしまう例も見受けられます。この段階では，外部のリーガルアド
バイザーをリテインしていないこともあり，その場合はなおさらです。

　しかし，海外の会社は「変えられない」といわれても交渉をするのが通常で
す。また，その後締結する契約の中で最初に締結した守秘義務契約を参照する
形で規定が入れられることもありますし，守秘義務契約は少なくとも通常，デ
ューデリジェンス，契約交渉を経て最終契約を締結するまで有効とされますの
で，案件全体を通じて当事者を拘束するもので，軽視すべきではありません。
そこで，以下守秘義務契約の注意点を記載します。

　大きな点としては，守秘義務が双方向になっているかは要確認です。案件に

よっては先方の守秘義務が規定されていないものもあり，この場合（買主側は，情報の開示を受けるというシチュエーションが多いものの）仮に自社側からも何らかの情報を開示するようなことがあった場合，何の担保もないことになってしまいます。また案件の検討をしていること自体，むやみに開示されるべきではないですし，交渉の中でシナジー検討やPMIに関する協議のため，自社情報を相手方に開示することもあります。ですので，相手方が義務を負わない形になっている場合，双方義務に変更する交渉をすることが望ましいです。

　また，買収を本社と現地子会社で連携して検討している場合，関係会社に対する情報開示が除外されていることを確認する必要があります。加えて，ファイナンスを予定している場合のレンダー候補への開示等，事案によって必要な除外を求めるべきです。

　さらに，守秘義務契約と題されているのに，価格に関する規定，ブレークフィーの規定，従業員への連絡禁止等案件に関わる守秘義務以外の相手方に有利な規定が入っている場合もあるので，注意が必要です。

　逆に独占交渉権その他案件の初期の段階で合意してしまったほうがこちらにとっては望ましい内容については，この機会に協議に加える作戦をとることもあり得ます。

　案件が初期の段階であることや守秘義務契約であることから確認がおろそかになりがちですが，買収契約締結まで効力を有するものですので，しっかり確認することが望ましいです。

Q9　独占交渉権の実務上の影響は？

独占交渉権の実務上の影響について教えてください。

独占交渉権とは，売主に対し当該買主以外の買主候補との交渉・協議を一定期間禁止する条項です。ディール全体を通じ，売主との間では，契約書の内容はもちろん，デューデリジェンスでどこまでの協力を得られるか，売買価格，スケジュール管理等様々な交渉事項があります。独占交渉権を与えられなかった場合，逐一様々な交渉での交渉力に影響し，不都合なディール遂行を強いられるリスクがあります。本項では，独占交渉権の実務上の影響について検討します。

解説 ···

　案件交渉初期の段階で，一定期間売主が当該買主候補以外の買主候補と買収について交渉・協議をしないという合意をし，買主に独占交渉権を与えることがあります（Exclusivityと呼ばれます）。期間は案件により数日から数カ月まで様々です。買主の権利ですのであるにこしたことはないのですが，交渉上独占交渉権を得ることができなかった場合，ディール全体を通じてどのような影響があるのでしょうか。

　まず，デューデリジェンスを開始するということは，会社としてもそれなりのリソースを投入することになります。また，外部の会計士や弁護士等を起用することになるため費用が発生します。独占交渉権がないままデューデリジェンスを開始する場合，相手方が秘密裏に他の当事者とも案件を進めることができる状態で，そのようなコストと時間をかけるという経済的リスクがあります。なお，売主側も多数の買主と交渉する場合労力が増大するものの，例えばデューデリジェンスは同じ情報を開示する等統一的な進め方も可能であるため，買主側とは事情が異なります。実際の案件でも，相手方との信頼関係に依拠し，独占交渉権の交渉を重視しなかったところ，昨日まで頻繁に協議を続けてきた売主から，突然協議終了を通知されたといったこともありました。特にファンドからより有利な条件での買収を持ち掛けられた場合等，売主側が心変わりし

てしまうケースが見受けられます。特に海外の相手方ですと，直接頻繁に会うことも難しくお互いの温度感が一致していない場合も多いですし，売主にアプローチしてくる可能性のある競合の情報も得にくいのが実情です。それに加えて，日本に比較し書面での合意の有無を重視する文化の国が多く，信頼関係だけに頼るのはよりリスクが高いと思われます。もちろん実際の案件では，外部アドバイザーの知見やノウハウも活用し，相手方の温度感もうまくコントロールしていくことになるのですが，最後に頼れるのは法律上の権利です。

　また，ディール全体を通じ，デューデリジェンスでどのような協力を得られるか，契約条件，価格，スケジュール管理等様々な売主との交渉事項があります。当該交渉においては，売主が競合する買主候補の存在をにおわせることで，交渉を有利に働かせようとすることがままあります。例えば，一度価格提示をして選ばれたにもかかわらず，他の当事者からより有利な条件の提示があったから再考するなどといって，価格を吊り上げられるようなケースです。買主としてはその当否は知り得ませんので，交渉力が大きく弱まります。したがって，独占交渉権を与えられるかどうかというのはディールを通じたバーゲニングパワーに大きく影響します。

　相手方自ら独占交渉権を提案してくれる場合は多くないですし，「本件では与えない」と明示的にいわれることもしばしばあります。しかしこれは交渉ごとであり，多くの海外の競合する買主候補も引き下がらず交渉します。また，上記のとおり，黙示の信頼関係に頼るのは危険です。一度拒否されても，自社を相手にすることのメリットや買主としての有望性を説明し粘り強く交渉すべきです。そしてできれば最終契約締結までを見込んだ期間の独占交渉権を獲得することが望ましいです。

　契約交渉に入る前でも交渉が始まっていることを意識すべきです。

Q10　Binding Offerの価格は変更できないの？

Non-binding Offer，Binding Offerの違いを教えてください。また，Binding Offerで提示した価格を変更することは可能ですか。

Non-binding Offerは法的拘束力がないことを明示して行う条件（買収価格等）の提示，Binding Offerは法的拘束力がないことを明示せずまたは法的拘束力があることを明示して行う条件の提示です。もっとも，Binding Offerに記載した価格であっても最終契約を締結しない限り，一定の条件の下，変更可能であることが通常です。むしろ，そのような柔軟性を確保するため注意をしてOfferをドラフトする必要があります。本項では，各場合についてレビューの注意点を記載します。

解説

案件の初期段階で買主候補者は，想定する価格等を記載した自らの提案（Offer）を相手方に提示し，それをベースに売主は今後交渉する買主候補を絞っていくことになります。ごく初期段階では，法的拘束力がないことを明示した上で提示します（Non-binding Offerと呼ばれます）。オークションでは一次ビッドで提出を求められるものです。その後，法的拘束力がないことを明示しない形で再度の条件提示が求められる場合があります（Binding Offerと呼ばれます）。オークションでは二次ビッドでBinding Offerの提出を求められます。

では，Binding Offerで提示した価格をその後変更することは全くできないのでしょうか。いいえ，そうではありません。ドラフトの仕方に注意することで必要な変更はできる権利を確保しておくことが可能です。

Binding Offerを出す段階でも，契約交渉はこれからです。デューデリジェンスは一定程度進んでおり，ある程度の価格目線が見えてきた段階かと思いますが，その後の契約上の価格以外の条件の交渉状況に応じて，または，交渉の中で新たに発覚した対象会社の問題により価格の調整をする必要が生じる場合もあります。価格は他の契約条件等とのバーターになる買主の最大の交渉材料

なので，最終契約前にこれを完全にフィックスしてしまうべきではありません。そのため，Binding Offerには様々な条件を付ける必要があります。デューデリジェンスの結果により変更の可能性があること，交渉の条件によること，その他現時点で必要なディスクレーマーを明示し，Binding Offerに記載した価格であっても今後の交渉のバッファを残しておくことが重要です。実際には，デューデリジェンスの中で全く問題が指摘されない対象会社は少ないこともあり，適切な条件を付けておけばBindingとはいえ変更の交渉が可能なことが多いです。

　Binding Offerという名称により，その後の価格変更はできないという印象を与えがちですが，むしろ大事なのはOfferの中で十分な条件を明示しておき，その後の変更可能性を確保しておくことです。

Q11　オークションディールでのmarkup作成のポイントは？

　オークションの場合の，買主側の契約書のmarkup（対抗案）作成の戦略のポイントを教えてください。

　オークションの二次ビッドでは提示価格に加え，最終契約のmarkupも買主候補選出の判断材料になります。程度問題ではありますが，オークションだからといって過度に限定したmarkupを提出する必要はありません。ただし，売主側の地雷を踏まないこと，ファイナンシャルアドバイザーを通じ水面下で事前に状況をサウンディングをしておくこと，国による特性を考慮すること等留意点があります。本項では，オークションで提出するmarkupの作成の勘所について検討します。

解説

　オークションで一次ビッドに通過すると，通常売主側が作成した買収契約のドラフトが提示され，二次ビッドでは，これに対して買主側が望む修正を加えたものを提出することを求められます（※前出）。

　オークションではなく，相対の交渉でも，先方が提示してきたドラフトについてmarkupを作成するところから契約交渉が始まります。特に独占交渉権を得て相対交渉をしている場合には，その後の交渉を見込んで作戦的に最初のmarkupをかなりハイボール（自社側有利な内容）で作成することもままあります。国によっては，そのような交渉スタイルがスタンダードである場合もあり，むしろ厳しめのmarkupで開始しないと不利になる可能性もあります（もっとも，逆にそうではない国でのディールであまりにアグレッシブな対応をしてしまうと，相手方との信頼関係を損ねるおそれもありますので案件により検討が必要です）。各国の特性を踏まえたバランス感覚にはなりますが，相手方により常識の範囲で最も有利な方向にもっていくよう工夫して作成することになります。

　これに対してオークションでは，多数の入札者が競っている場合もあります。

売主が最終的な交渉相手を選ぶにあたり，契約書の内容も考慮されますので，どの程度アグレッシブにmarkupを入れるべきか悩ましいところです。複数のビッダーがいる場合には，markupを多く入れるとビッドに落とされるのではないかと心配になることもあるかと思います。

　では，オークションで相対交渉の場合と同様のmarkupを入れると必ず落とされてしまうのでしょうか。もちろん個々の案件の状況によるので一般化はできないのですが，基本的には提示価格が最重視されることも多く，過度にmarkupを限定する必要はないと思います。後から最初に提示したmarkupを超えた要求をするのは，交渉上合理的な理由（デューデリジェンスで隠されていた情報があった等）がない限り難しいので，過度に限定することにもリスクが伴います。実際の案件でも，日本企業による買収の場合，過度なリスクテイクが嫌われることもあり，相対の場合と大きく相違ないmarkupで入札し無事通過していることも多いです。

　しかし，下記の点には注意が必要です。

　まず，ディールブレークになる事項は入れない（入れる場合はそのリスクをよく認識した上で入れる）という点です。例えば，実行前提条件（Condition Precedentを略してCPと呼ばれます）は特に売主が気にする事項ですので，ここに何を入れるかは十分に検討する必要があります。買主として重視するポイントがあり，あえて実行前提条件に入れるのであれば，ファイナンシャルアドバイザーを通じ，ディールブレークとなるリスク，許容範囲のレベルなどを水面下で探ることが有用です。慣れたファイナンシャルアドバイザーであれば，うまく聞き出してくれると思います。

　次に，国による特徴も理解しておくべきです。個人的な感覚レベルですが，例えば米国等では価格の重要度が高く，契約は交渉により変わり得るという受け取り方をされることも多い一方，ヨーロッパの一部の国ではアグレッシブなmarkupがオークションセレクションの重要な要素になってしまうお国柄もあるようです。

　過度に遠慮する必要はないものの，当該ディールの状況や法域の特徴に関して外部リーガルアドバイザーの経験や知見を活用し，ファイナンシャルアドバイザーとも連携した上で綿密な作戦を立てることが必要です。

Q12　効率的に外部弁護士を使うための起用時期は？

　法律事務所をM&A案件のどの段階でリテインしたらよいのでしょうか。

　実務上，NDAの締結や最初のLOIの締結からデューデリジェンス開始までのいずれかの段階で，オークションの場合は一次ビッドに通過した後二次ビッド提出直前くらいで，外部弁護士を起用している場合が多いように思います。もっとも，クロスボーダー M&Aでは企業ごとに外部弁護士に求める役割も様々なので，筆者もごく初期の段階から依頼を受けることも多くあります。本項では，効率的に外部弁護士を使うための起用時期について検討します。

解説

　外部のアドバイザーを起用すると費用もかかるので，案件のどの段階で外部の法律事務所をリテインするのか迷うこともあると思います。

　この点実務上，オークションではなく相対の案件の場合，NDAの締結や最初のLOIの締結からデューデリジェンス開始あたりのいずれかの段階で外部弁護士が起用されるケースが多いです。これは，NDAは社内リソースでレビューし，外部チームが本格的に必要となるデューデリジェンスの開始が決まってから外部弁護士を起用することが多いためです。同様にオークションの場合は，一次ビッドに通過した後二次ビッド提出直前くらいで起用されることが多いように思います。

　他方で，もっと初期の段階，例えば一次ビッド提出の段階で依頼されることもあります。特に海外M&Aを多く経験している弁護士であれば，ビッドレターのドラフトや作戦のアドバイス等ある程度ファイナンシャルアドバイザーと重複するようなサポートも可能ですので，筆者もファイナンシャルアドバイザーを起用しない案件では，純粋なリーガルサポートだけではなく，そのような役割を担うことも含め初期の段階で依頼されることも多いです。

　クロスボーダーM&Aにおいて外部弁護士を起用する意義はいくつかあるように思います。まず，ファンド等は別として，事業会社ではM&Aは頻繁に生じる事項ではないため，ノウハウも蓄積しにくいです。そのため，多くの案件を扱っている外部アドバイザーの知識やノウハウ，他社事例等を利用するという意味があります。また，上述のとおり，M&Aというのは常に生じるものではないので，M&A専門の法務部隊を社内に持っておくというのは経済的合理性がない場合も多いです。しかし，法務部員はM&A以外にも対応しなければならない業務が存在しますので，M&Aが生じたからといってM&A案件だけに対応しているわけにはいきませんし，海外M&Aですと時差もあるため深夜や早朝の勤務時間外の作業も多く生じます。M&A案件のリーガル業務は急遽対応が必要になったり，一時的に非常に膨大な業務が生じたりしがちなので，このような業務をアウトソースするという意味もあります。

　外部弁護士の利用の仕方も，社内のリソースや状況によりいろいろなパターンがあります。筆者もドラフトや交渉はもちろん，社内検討資料や取締役会資料の作成等にも対応する場合もありますし，フロントの交渉は各企業の法務担当者で担当しバックサポートに徹する場合もあります。

　この点，要望が多様なM&Aの業界でもあり，筆者も外部業者として様々な企業の事情も踏まえて，どのような依頼の仕方が実質的にも経済的にもメリットがあるのか，リテイン前の段階で依頼企業と協議し，できる限り柔軟に対応するように心がけています。企業側としても，敷居なく何でも話せる外部アドバイザーを持ち，自社の要望を遠慮なく伝えることで，なるべく効率的に外部弁護士を有効活用すべきです。

　クロスボーダーM&Aでは，各アドバイザーにより提供しているノウハウやサポートの範囲も異なりますし，案件の進め方も個人の特性が表れます。そのため，自社の期待する役割に合った外部業者を起用することが重要です。買収は企業にとって重大な局面です。筆者も依頼を受ける際は，最大限当該企業のやり方に合わせるようにするとともに，要望にしっかりマッチしているのかを自戒をこめたフェアな視点からできる限り検討するようにしています。

Q13　海外の弁護士に依頼する際に注意すべきことは？

契約交渉で海外現地の弁護士に依頼する場合に注意すべき点を教えてください。

海外の弁護士に依頼する場合，日本の弁護士だと言わなくても当然伝わっているはずの事項に誤解があったり，期待する業務内容のレベル感にずれがあったりするので注意が必要です。本項では筆者の経験から注意すべきと感じた事項を記載します。

解説

海外M&Aの場合，契約書も長くなりがちで見慣れない書面も多く，時差もあるため「良きにはからえ」といった感じで現地の弁護士に契約交渉を丸投げしてしまうケースもあるようです。しかし，そのようなやり方には注意が必要です。

外部の弁護士は，一般的な交渉のポイントは知っていますが，自社の個別の事情には詳しくありません。例えば，自社における過去の案件での失敗から自社の経営陣が重視しているポイントについて容易に妥協してしまったり，社内のルールである手続を行うために一定の時間がかかることを意識せずにスケジューリングしてしまったり，今後予定している事業や再編を不可能にするような義務を規定してしまったりといったことがあり得ます。

また，国によっては現地の弁護士が考える「合理的なライン」が日本企業の想定とずれている場合もあります。米国西海岸地域やヨーロッパの一部の国では，価格を最重視し，ある程度の契約交渉はお任せスタイルの企業も多いようですが，概して日本の企業は全般的に契約書自体も読み込み，比較的しっかりと交渉する傾向にあります。そのためか，日本企業が買主の場合，一般の平均より有利な条件を勝ち取っている場合も多いようです。その意味では，契約書の妥協点として日本企業が期待する内容と現地事務所の感覚が異なる場合もあり，許容できない範囲で合意をしてしまうことのないよう注意が必要です。筆

者も海外の弁護士と協業する場合，過去に協業しお互いのスタイルもよく知っ
ている弁護士を起用した上で，企業側の言外の期待も含めて誤解がないように
アレンジすることも外部アドバイザーとしての重要な役割と認識しています。

　また，個別の弁護士のやり方にもよりますが，契約交渉の際，外部の弁護士
がどれくらいの裁量を持っているかの感覚も国により異なるように感じます。
例えば，米国では外部の弁護士がある程度大きな裁量をもって交渉にあたるこ
とが期待されているようです。そのため，指示を求められるのを待っていたら
契約書の交渉がほぼ完了してしまっていたといったことがあるので，注意が必
要です。これに対してアジアのいくつかの国では細かいことまで確認を求める
弁護士が多いように感じます。良い面もあるのですが逆に現地のマーケットス
タンダードと乖離した内容であっても，当社の指示であればそのまま鵜呑みに
してしまう可能性があるので，交渉の戦略も含めてうまくアドバイスを引き出
すようにすることが必要になります。

　加えて，日本企業と海外企業で一般的なプラクティスが異なることも多く，
想定と違う形で契約が進められてしまうおそれもあります。例えば，米国では
買収と同時に対象会社のファイナンスも親会社が完済することが多いですが，
日本企業による買収ではいったん返済しないで買収し，メインバンクと買収後
によく協議した上で対応を決めることが多いようです。何も指示しないでいる
と全額返済を前提にして先方と話が進んでいたなどということもあり得ます。
日本企業が買主の場合に誤解が生じやすいポイントはあらかじめ明確に指示し
ておくことが必要です。筆者も日本企業の「常識」と海外案件が異なるポイン
トはあらかじめリストにして伝えるようにしています。

　上記のとおり，日本の弁護士であればあえて明示的に指示しなくても当然共
通理解があるような事項に関して誤解が生じることも多いことを意識し，国に
応じた弁護士の使い方を，現地の特性をよく知る日本の弁護士と相談する等し
て，交渉の前段階で海外の弁護士と交渉の進め方についてよく擦り合わせてお
くことが重要です。

Q14　国ごとにM&Aの交渉は違う？

M&Aを行う国により，交渉のやり方を変えるべきでしょうか。

大枠としてのM&A案件全体の進め方，契約の落としどころ等は大方の国で類似しています。むしろ，「現地の常識」といわれて不合理な内容を押しつけられてしまうことのないよう，世界レベルでの常識をベースに進めることが必要です。他方で，経験上ある程度の特色はあるように思います。本項では，バランスの取れた交渉を行うための留意点を検討します。

解説

　M&A契約の概要や交渉の進め方の大枠はどこの法域であっても類似しています。個人的な印象ですが，弁護士のタイプも「国により」というより，「M&A系」「倒産法系」「訴訟系」「知財系」等分野で分類したほうが，性質が似通っていると思うことも多いです。その意味では，国ごとの特質を意識しすぎるより，大枠では世界レベルのM&Aの基準に照らして合理的な範囲での進め方にもっていくことが重要です。相手方の弁護士がクロスボーダーディールやM&Aディールに不慣れであった場合，非常識な内容を「現地の常識だ」等といって主張されることはよくありますが，引きずられないようにすべきです。実際，自社としてクロスボーダー案件の経験が少ない場合，現地のプラクティスに合わせようと意識するあまり過度に妥協してしまうケースもあるので注意が必要です。

　また，ドキュメンテーションの大きな流派として米国スタイルと英国スタイルがあるといわれています。骨格は類似していますが，使用する用語が違ったり，記載のスタイルが違ったりするので，以前に見た契約と異なる印象を受けることがあるかもしれません。法律事務所によっては，世界で使われる度合等について統計を取っているところもあるので，参考程度に見てみるのも面白いと思います。

　他方で，大枠に沿った上での各論的な交渉の仕方等について各国により傾向

のようなものはあると感じています。もちろんケースバイケースですので一般化は難しいとは思いますが，ある程度の個人的な印象を記載してみたいと思います。

1　ドイツ

　EUの国の中でも，車関連や医療関連等産業が類似していることもあり，日本企業とドイツ企業との間のM&A案件は以前から数多くあります。ドイツの相手方は理詰めの議論を好む傾向にあるようです。そのため説明が詳細で，交渉時間が長くなりがちですので覚悟しておいたほうがよいかもしれません。また，前言と矛盾することを主張するのを嫌がる場合が多いようなので，細かい発言にも注意が必要です。逆に理論的に説得できれば，比較的交渉がうまくいくケースが多いかもしれません。

2　インド

　案件を完了するまでの期間が長くなりがちです。過去関与した案件でも，完了するのに数年かかったものもあります。交渉がうまく進んでいるように見えても，後半段階でまとまりかけた合意を相手方から覆されることも珍しくないです。とにかく時間がかかることが多い印象です。

3　米　　国

　弁護士も含め米国の相手方は理論詰めの細かい議論よりも「空気」に影響される傾向にあるようです。そのため，うまく協力的な空気や一体感を作り出した上で交渉すると割とうまくいく印象を持っています。また，「米国での一般常識」を引き合いに交渉されることもよくあるのですが，多くの案件を扱っていると，この「一般常識」が同じ米国であっても各弁護士や当事者により大きく異なることもままあります。日本では常識に外れたことを嫌う傾向にありますので「米国では普通このようになっている」等の説明に折れてしまいがちで

すが，米国は各州に法律がある国家でプラクティスもまちまちです。また，限られた経験しかなくても米国外の企業相手の場合，一般化して「米国の常識」と説明しがちな弁護士もいるので説明を鵜呑みにせず，自社側弁護士とよく相談して対応を決めるべきです。

4　中　国

　相手方が中国企業の場合，勇み足が多いような気がしています。日本企業の場合，M&A案件を検討する段階である程度案件の内容や相手方を調査し，可能な限り事実を認識した上で協議を行うことが多いと思われます。これに対し，中国の相手方はファイナンシャルアドバイザー等の説明に依拠して，詳細な調査なくして案件を開始しているケースも多くあるようです。スピーディーである反面，自社の詳細や案件に関する要望等を十分認識しないまま協議している可能性もありますので，個人的には中国の相手方と交渉する場合，大前提をまず確認し，伝えるようにしています。

　よくいうと柔軟なのも中国の相手方の特徴のように思います。日本企業であれば，常識に外れた要求は控えることも多いですが，中国の相手方は合意ができればなんでもあり，というところもあるように思います。逆に合意を取ってしまえば自社に不合理に有利な条件であっても応諾されることもあります。このような特徴を踏まえて交渉作戦を検討すべきと思います。

5　フランス

　フランスの相手方は，交渉であっても言い方が比較的ソフトで，そのため「交渉」としては何を言いたいのかわかりづらいこともあるかもしれません。ロジの観点では，休暇に対する意識が高く，案件の時期によってはクリスマスや夏季休暇に当たり，案件が実質的にストップしてしまうこともよくあります。欧米は一般的に日本に比較し，休暇を重視する傾向にあるのでどこの国でもいえることですが，フランスは特に連絡が取れなくなってしまうことも多いのでスケジュール管理に気をつける必要があると思います。

6　イギリス

　イギリスの相手方は,「空気」や「雰囲気」に惑わされずに,淡々と交渉をしてくる場合が多い印象を持っています。うまく協調的な雰囲気に引き込んで,妥協を取り付けてしまおうとしたりもするのですが,うまくいかなかったことも多いです。勢いや駆け引きではなく,丁寧に論拠や背景を説明して理解を得る手法が有益かもしれません。

7　日　本

　国内の案件との違いを認識し,日本の特徴を把握するのも有益です。例えば,国内企業同士のM&A案件では,ビジネスリレーションシップ上,契約の段階で確定させたくない事項等に関して,「追って誠実に協議する」「協議の上合意するものとする」等の表現が好まれる傾向にあります。しかし,追って合意をするという合意,つまりagreement to agreeは法域によっては無効であったり,有効になるための要件があったり等,そもそも有効性に疑義がある場合があります。ですので曖昧な内容にしておくのは望ましくないという点を超えて,法的有効性にも注意する必要があります。また,マネジメントとの雇用契約で契約終了後の競業避止義務を課すことがありますが,法域によっては,一定額（最終給与の○割等）を支払う義務が生じることがありますので注意が必要です。この点海外案件を多く扱っている日本人アドバイザーは,日本法との違いという観点から気をつけるべきポイントを認識していますので,うまく活用していただければと思います。

Q15　海外弁護士と日本弁護士はどう使い分ける？

　海外M&Aにおいて，海外現地弁護士と日本側弁護士をどのように使い分けるべきでしょうか。

> 海外現地弁護士と日本側弁護士をうまく使い分ければ非常にスムーズかつ合理的コストで案件を進められる反面，役割が重複して非効率な運営にならないよう注意する必要もあります。各社様々に工夫しているところかと思われますが，本項では，両者の使い分けについて検討します。

解説

　海外事務所を起用する際に日本弁護士を通じて現地事務所を選ぶことに，どのようなメリットがあるのでしょうか。まず，案件に応じて適切な事務所をアレンジできるという点が挙げられます。クロスボーダー M&Aを多く扱っている日本の弁護士はこれまで多数の案件で複数の連携先現地弁護士と協業してきていることが期待されます。そのため，当該事務所のクオリティはもちろん，得意分野や特徴，業務の提供の仕方や見積りの出し方等を熟知しているはずです。したがって，当該案件の性質やクライアントのやり方や予算に合致した現地事務所を手配することが可能です。また，多くの国で弁護士がファームを移動したり，事務所の分裂があったりすることも多いので，最適な弁護士の現状やクオリティのよい事務所について最新の情報を持っているということも重要です。自社が現地事情に明るい場合は別として，信頼できる日本の弁護士を通じて現地事務所を手配するのが安全に思います。

　では，日本および海外の弁護士を起用した場合，どのように使い分けていくことになるのでしょうか。この点各企業の状況により様々なバリエーションがあります。社内に法律事務所での海外M&Aの経験も豊かな弁護士がいる場合には，日本側弁護士の業務を代替して案件を進めるケースもありますし，逆に専門のチームを持たない場合には社内資料の準備や案件スケジュールの作成・

管理等の社内業務を含めて日本側弁護士にアウトソースすることもあります。この場合，社内にはない外部弁護士のノウハウを利用できるという利点もあります。M&Aをどれくらい頻繁に行う企業なのかや，社内リソースの設置方針等により，各企業の方針の特徴が出るところです。

　各所に弁護士を置くことで費用が増えないかを懸念する企業もありますが，M&A案件では，企業側の買収の目的や背景，案件手続の中で生じる数々の問題点に加え，社内プロセスや問題点，コンプライアンス上の対応や株主への開示等も外部弁護士がよく理解した上で先回りして進める必要があります。そのためには普段から時差なくコミュニケーションをとれる日本側弁護士と密に連絡を取り，多くの部分の主導を任せるのは，進め方という点ではもちろん，コストの点でも効率的運用かと思います。筆者が関与する案件では，デューデリジェンスの管理，相手方との契約交渉や交渉結果の契約書への反映等は，通常日本側で行っています。日本企業による海外買収の経験が豊かな弁護士であれば，日本企業特有の問題点や一般的な海外のプラクティスと異なる点も認識しているので，この点のノウハウを利用できるのも企業側のメリットです。コスト面からも，日本のフィーの相場は多くの国と比較し安いこと，時差なく口頭でコミュニケーションを密に取ることで無駄な作業を省くことができることから効率的である場合が多いです。

　社内に専門チームを持っており，M&A経験の豊かな社内弁護士がいる場合には，特に小規模な案件では契約交渉やその修正の反映等も社内で行い，ピンポイントで外部弁護士を起用することとし，外部の関与を限定するアレンジをするケースもあります。このような場合には，筆者のような日本側弁護士としては，留意すべきポイントの指摘や社内で作成した契約書や資料の最終確認や現地弁護士の見解の合理性の確認等の形で限定的に関与します。

　とはいえ，各役割について決まったものはなく，各企業の事情により最も望ましいカスタマイズしたサービスを受けるのが理想です。そのためには，リテインの前に当該事務所や弁護士が提供することのできるサポートの内容を確認した上，企業が求めるサービスの内容をあらかじめ明確に指示することが重要です。筆者も案件初期の段階で，当該企業が何を希望しているのか，社内および社外体制をどう構築するのがベストなのかについてよく協議をするよう心がけています。

Q16 Tail Policyとは？

Tail Policyについて教えてください。

Tail Policyとは，D&O保険の終了後も，追加保険料を支払うことで一定期間保険期間中の行為について保険の請求を可能とする保険商品です。買収により売主側から派遣されていた経営陣について，買主が買収後に保険を解約してしまうと発覚した当該経営陣が役員であったときの行為について保険の適用を受けることができなくなってしまうので，そのような売主側の懸念に対応するために利用されるものです。米国などの案件では使われることが多いので，仕組みを理解しておくことが有益です。

解説

　買収完了時点で，売主側から派遣されていた役員は辞任することが通常です。例えば，ファンドが保有していた対象会社にファンドから派遣されていた役員は，ファンドが株式を売却しExitした後は辞任します。これらの役員には，従前は対象会社が購入したD&O保険が掛けられていることが通常です。しかし，買収後対象会社の運営は買主が行うことになるので，買収後買主がこの保険を維持しない決定をし，保険を解約してしまうことがないとはいえません。そうすると保険の内容によっては，これらの役員が在任中の行為について買収後に訴えられた場合に保険金が支払われなくなってしまいます。

　売主側としては，そのような事態を防ぐために，買収契約上一定期間保険を解約しないという義務を買主に課すことを求めることが多いです。しかし，買主側としては，買収後買主グループの保険に統一化する予定である場合もあるでしょうし，そもそも買収後の行為規制はなるべく少なくすることが望ましいです。そこで利用を検討すべきなのが，Tail Policyを追加購入するというアレンジです。これは，一定額の追加保険料を払うことで，保険終了後も一定期間保険が付保されていた間に生じた事項に関する請求を保険でカバーできるようにするものです。期間としては，6年ほどの延長が多いです。契約上は，当該

保険を付すことをクロージングの前提条件として規定することになります。

　米国等一定の国においては買収契約交渉の典型事項ですが，何がポイントなのか理解されていない場合もあります。相手方が何を要求しているのかを正確に把握するためにも，仕組みを理解しておくことは有益です。

　クロスボーダー取引では様々な特有のサービスを利用することになります。これらの仕組みを理解し，活用していくことがディール成功の一因にもなり得ます。

Q17　ディールの役会承認に関する注意点は？

買収案件を取締役会に上程する場合の注意点を教えてください。

取締役会上程の直前は，ディールの交渉も佳境で最も作業量が増える
ことが予測されます。そのため，事前の準備や短時間で効率的に作成
するための工夫が必要です。また，判断する取締役に対して偏らない
情報を提供することも重要です。本項では，ディールを進めながら社
内承認の準備をする際の留意点について検討します。

解説

　M&A案件において，取締役会での承認は，会社の経営判断として当該案件
を進めるかの最終決定であることが多いです。会社の取締役は，職務遂行につ
き善管注意義務を負っています。取締役による判断は，いわゆる経営判断の原
則として，取締役による決定には一般的に広い裁量の幅が認められています。

　しかし，そのような経営判断の前提として，取締役には適切な情報収集や調
査を行う義務がありますし，実際の会社経営という観点からも有益な情報が提
供されないと，当該買収が会社の利益になるのか正しい判断はできません。コ
ーポレートガバナンス・コードでも取締役会による情報把握の必要性が記載さ
れています。したがって，社内の現場担当者が有益な情報を取締役の判断を可
能にする形態で提供することは重要です。

1　ディール進行と同時並行での準備

　取締役（特に社外取締役）の方から「直前に提供される資料が大量すぎて十
分に読み込むことができない」という意見を聞くことがあります。クロスボー
ダー M&Aは日々状況が変化し，取締役会準備と交渉を同時並行で行う中，最
新資料の提供が直前になってしまうことも理解できるところです。しかし，十
分な情報に基づく経営判断を可能にするためには現場担当者による適切な情報
提供が必須です。

その意味でも，時間的に余裕のある段階から案件の概要や問題になることが予測される論点等について大まかな情報だけでも各取締役に説明する等の対応は有益のように思います。また，M&Aに慣れている企業では，効率的にわかりやすい資料を作成するためそれぞれ独自の工夫をされているようです。例えば，特定のフォーマットを作成しておく，あらかじめ外部アドバイザーに必要となる情報をインプットしておいてまとめることを指示する等などです。筆者も外部の弁護士として，種々の企業と案件を進める中で培ったノウハウがありますので，できる限り円滑かつ適切にすすめられるよう協力するようにしています。

2　公平な目線

別の観点として，現場担当者は対象会社のマネジメントと直にやりとりをしているため，今後のビジネスの進め方や計画等の協議で意気投合している場合もあります。そのためケースによっては，取締役会を無難に通すためリスク事項を過少に記載するインセンティブが働くこともあるようです。そのような熱意はビジネス上のドライブではあるのですが，上記のとおり，取締役会は会社法上善管注意義務を負っているので，取締役の責務を理解し，取締役が正しく判断をできる内容とすることは現場担当者の責任でもあります。

伝統的には，日本の取締役会では担当取締役の判断が尊重されることが多く，M&A案件が取締役会決議の段階で否決されることは多くなかったようですが，昨今は社外取締役の増員やコンプライアンス意識の向上もあって取締役会で深く議論され，継続審議や否決に至る場合も増えているようです。取締役の方々が正しい経営判断をすることができるよう情報を提供することが重要です。

コラム④　〜外部弁護士は身を削るのが大事!?

　クロスボーダー M&Aは普段付き合いのある顧問弁護士ではなく専門の弁護士に依頼するケースが多いと思われます。逆に外部弁護士側としては企業にとって重大なM&A，それまで付き合いのないクライアントであっても早い段階で信頼関係を構築することが必須です。

　外部のアドバイザーの場合，身を削ってもクライアントに尽くさなければ，本当の信頼は得られないと思っています。急な要請であっても担当者と共に現地に赴いて寝ずの交渉をするのはもちろん，社内の会議や内部資料の作成，役員への説明等も担当者の方と力を合わせて精一杯がんばる，担当者の方が睡眠をとることができるよう深夜の交渉は引き受けるなどなど，楽しい（？）思い出にはきりがありません。少し時代遅れな考えかもしれませんが，24時間全力で対応することでクライアントとの間の壁をなくすことができ，より包括的に関与させていただけるようになり，結果的にディールにもより有益な貢献ができることも多いように思います。自分に喝を入れるためにも，クライアントには「尽くし系弁護士」を自称しています！

第 **5** 章

表明保証保険の実際

Q1　表明保証保険の範囲を決めるデューデリジェンスのコツとは？

　表明保証保険を付保する場合のデューデリジェンスの注意点を教えてください。

> 　表明保証保険を付保する場合，保険の対象となる範囲（Cover）は，買主およびそのアドバイザーが行ったデューデリジェンスの内容により決まります。したがって，十分な範囲の保険を取得するためには，デューデリジェンスのスコープや内容について外部アドバイザーと十分協議し，適切に決定する必要があります。

解説

　最近日本企業による，表明保証保険の利用が増えています。契約交渉やデューデリジェンスを開始する前から，買主および売主の間で表明保証保険の利用を合意しているケースも増えてきました。また，ファンドによる売却案件等では，表明保証保険の利用を強く求められる場合もあります。保険を付保する案件では，デューデリジェンスのやり方に関していくつか留意点があります。

　表明保証保険を付保する保険会社は，表明保証違反が生じた場合のリスクを負うことになりますが，保険会社は，買主が行ったデューデリジェンスの内容に依拠して当該リスクを負うことができるか判断します。そのため，保険会社もデータルームのアクセス権を与えられどのような書面がデューデリジェンスの対象となったのかを確認しますし，買主が起用したアドバイザーが作成したデューデリジェンスレポートを細かくレビューし，その上で保険を付保することができるか，できる場合のカバー範囲はどこまでかを決定します。

　この際，デューデリジェンスと保険の関係で注意事項があります。まず，デューデリジェンスの対象となっていない分野または対象としていても保険会社が内容が不十分であると判断した分野は保険のカバーから除外されてしまうという点です。そのため，保険のカバー範囲とすることを意図する事項は，ビジネス，財務，税務，法務等いずれかのデューデリジェンスの対象としておく必

要があります。例えば，関税対応やITシステム等は外部アドバイザーのデューデリジェンスのスコープに含まれていないこともありますが，保険カバーの対象とするには会社内部でデューデリジェンスを行うか，別途外部アドバイザーにデューデリジェンスを行うよう指示する必要があります。このような背景を考慮した上，デューデリジェンスのスコープを決め，その対応体制を検討するのもリーガルの重要な役割です。

　また，デューデリジェンスの内容が十分でないとされた事項についてもカバーから除外されてしまうという点にも，注意が必要です。キーとなるのは，付保手続の中で，デューデリジェンスが十分に実施されているかを確認するために行われるUnderwriting callと呼ばれる保険会社との電話会議です。通常，買主である企業に加え，法務や財務税務のアドバイザーも参加し，行った調査の内容等について，保険会社からの質問に答えます。例えば，デューデリジェンスのスコープを決定する際，指摘事項に金額基準を付すことがありますが（「$○未満のリスクはレポートで指摘しない」等），このような金額基準を設定した場合，なぜその金額としたのかを合理的に説明する必要があります。また，各分野についてもどのような方法で確認したのか，なぜそのような方法での確認が適切かつ十分だと判断したのかを合理的に説明する必要があります。Underwriting callは保険の付保手続において重要なものなので，保険手続の経験とノウハウを十分有する外部アドバイザーを参加させ，十分な準備をして臨むことが重要です。筆者もUnderwriting callには必ず参加するようにしています。

　デューデリジェンスで具体的に問題が指摘された事項は保険の対象から除外されてしまうという点にも注意が必要です。これは保険の性質上やむを得ないのですが，この観点から外部アドバイザーが作成するデューデリジェンスレポートの記載の仕方にも留意する必要があります。発覚した問題点について明確に指摘することは重要ですが，加えて特に問題がないのに不明確な記載をしたために不必要に保険から除外されてしまうことのないよう，どのような問題が発覚したのかおよびそのリスクの度合が明確にわかる記載であることが必要です。この点，レポートを作成する外部アドバイザーとあらかじめ協議をすることも有益です。保険を付保する前提の場合，レポートの記載も注意深く検討すべきです。

Q2　表明保証保険の有益な利用の仕方は？

どのような場合に，特に表明保証保険を検討すべきでしょうか。

> 表明保証保険が活用される典型例として，売主がファンドである場合
> や，売主が買収後も対象会社のマネジメントとして残る場合がありま
> す。また，表明保証の内容について売主と合意ができそうもないケー
> スでも利用を検討することがあり得ます。本項では，特に保険の利用
> が有用なケースについて検討します。

解説

　どのような案件でも表明保証保険の利用は可能です。しかし，特に利用が有
益である場合がいくつかあります。売主がファンドの場合，多くの案件で表明
保証保険の利用が検討されます。ファンドは，対象会社の買収によって得た資
金を投資家に分配し解散することを予定しています。この際に潜在債務（表明
保証違反による損害賠償の可能性）があると分配に支障が生じますので表明保
証保険の利用が好まれます。ファンド側から明示的に表明保証保険の利用を求
められることも多いです。また，ファンドはExitの後解散を予定している場合
もありますが，買主側としても，買収後表明保証違反に基づく請求を行おうと
した際にすでに売主が解散してしまっていては損害額を回収することができま
せん。この意味で買主側にもメリットがあります。

　上記のようなリスクに対応するための方策としてエスクローを設定すること
もあり得ますが，ファンドにとっては資金の運用が重要なので，エスクローに
資金を寝かせておくことは望ましくなく，交渉上エスクローの設定に応じない
ことも多いです。また，エスクローを設定したとしても，期間は数年とされる
ことが通常です。これに対して表明保証保険であれば，買収資金を寝かせるこ
となく上記リスクを回避できますし，保険料の金額に応じ上限額や期間も調整
できますので，頻繁に利用されています。

　次に，売主が対象会社のマネジメントも兼ねており，買収後も買主グループ
の一員として対象会社の経営を行うことが予定されているケースでも有用です。

買収後に表明保証違反が発覚したとしても，買主企業として自らのグループ会社の経営陣に対して損害賠償請求を行い，場合によっては法的紛争に発展するというのは現実的に避けたい場合が多いと思われます。この点，第三者である保険会社への請求であれば問題は生じませんし，保険会社は資料が十分揃っていれば大きな争いなく保険金を支払ってくれることが多いので，この点もメリットです。

　また，売主が通常レベルの表明保証を規定することすら拒否している等，買収契約の表明保証規定に関する売主と買主の隔たりが大きく，合意が難しい場合にも，解決策となり得ます。買収契約の内容によりますが，表明保証保険を付保した場合，売主が損害を負担する場合でも，保険の免責金額（保険料にもよりますが買収金額の0.5〜1％程度で設定されることが多く，リテンションと呼ばれます）までとすることが多く，売主側のリスクは限定的であるため，実質的には保険会社相手の交渉傾向になります。もちろん，保険付保の大前提として，売主と買主の間で誠実な交渉が行われていることが必要なので，真摯に交渉するべきですが，実際には，契約交渉が迅速に完了することも多いです。

　海外ではかなり前から利用されている表明保証保険ですが，ここ数年日本での利用も増えていますので，うまく活用していくことをお勧めします。

Q3　表明保証保険は小さなディールでも利用できる？

表明保証保険はどれくらいの規模のディールから利用できますか。

保険料の相場や最低保険料を考えると付保額が10億円程度を超える案件が妥当と思われます。

解説

　表明保証保険の保険料は，買収金額や付保金額をベースに当該地域のマーケット情報や対象会社の事業内容等を考慮して決定されます。保険会社から提案を受ける際，付保金額や期間，免責金額等複数のオプションごとに保険料の概算が提示されます。付保金額の1～3％のことが多いかと思いますが，米国では少し高めのようです。しかし，全体として最近では参入保険会社も増え，保険料の相場も下がっていると聞いています。

　ただし，保険会社は最低保険料を設けており，1,000万円程度とされていることが多いです。そのため，一般的には海外案件の場合，補償額は10億円以上が目安となります。

　最低保険料の相場も動いており，特に参入保険会社が多い地域ではより便利に使えるような提案をする保険会社も出てきているようです。国により利用できる保険の種類や相場も大きく異なります。最新情報を確認の上便利に利用したいものです。

Q4　表明保証保険の条件と買収契約の内容は同じでなくてはいけないの？

　表明保証保険の条件（限度額や期間等）は買収契約の内容と同じにする必要がありますか。

　表明保証保険の限度額や期間は保険料により決まるものであり，買収契約と必ずしも一致させる必要はありません。この点は保険利用のメリットでもあります。それ以外の条件についても追加保険料の支払により柔軟に対応してもらえることもあるので，保険ブローカーを通じ保険会社と交渉するべきです。

解説

　表明保証保険は，買収契約上の損害賠償義務を対象とするため，買収契約上の限度額や期間の範囲内で保険金が支払われると思われがちですが，必ずしも一致させなくてはならないわけではありません。保険金の上限や期間は，保険料と連動しており，買主の希望（保険料を重視するのかカバーの範囲を充実させたいのか）により保険会社がいろいろなパターンを提示してくれることが多いです。したがって，保険ブローカーを通じて保険会社とよく協議すべきです。

　また，契約書署名時には存在しなかった表明保証違反がクロージング前に生じ，買主が認識するに至った場合（New BreachやInterim Breach等と呼ばれます）の扱いはどうでしょうか。買収契約上，このような場合に損害賠償請求をすることができるかは売主との交渉次第であり，買収契約の中で買主が知っていた事項について表明保証違反を請求することができるとされているのか否かによります。他方で保険の場合，買主側が知っていた事項は基本的に請求することができません。ただし，上記のようなNew Breach/Interim Breachについては，（保険会社にもよりますが）追加で保険料を支払うことでカバーの対象としてもらえる場合もあります。

　上記のとおり，買収契約の内容と保険の内容は密接に関連するものの，必ずしも全く同じである必要はありません。そのため，個々に検討，交渉すること

が必要です。どのリスクを契約書に落とし込み，どのリスクを保険でカバーするのか双方をよく検討することが重要です。

Q5　表明保証保険の利用時の売主への求償は？

買主が表明保証保険の保険金を請求した場合，売主は求償されますか。

保険の内容によりますが，求償できない形になっていることも多いです。また，できる場合でも実際求償するケースは多くないようです。

解説

　表明保証保険では，保険会社が保険金を支払ったとしても売主に対して求償不可という内容の保険になっていることも多いです。

　保険会社との間で，求償不可の合意をする前提であれば，売主にとって保険に協力するインセンティブは上がりますので，売主と買主との間での保険料負担の交渉に有利に働いたり，ビッドの提案をより魅力的なものにしたりすることができます。

　また，上記のような求償不可の規定がない場合でも，実際求償しているケースは多くないとも聞いています。

　売主との交渉でうまく表明保証保険を作戦の1つとして利用することは有用です。

Q6　表明保証保険検討開始のタイミングは？

表明保証保険の検討を開始すべきタイミングを教えてください。

> 検討開始から保険内容の合意まで1カ月程度をみた上で，契約締結までに付保手続が完了するよう準備をする必要があります。できれば契約交渉が開始される前からブローカーとのコンタクトを始めることが望ましいです。また，保険付保手続はデューデリジェンスや買収契約の交渉と連動し，並行して進める必要があるため，効率的なスケジューリングが必須です。

解説

　表明保証保険の付保手続は買収契約の締結と同時に完了することが望ましいです。なぜなら，契約締結までに完了するという保険会社側へのタイムプレッシャーがなくなると保険会社に対する交渉力が下がる可能性があるからです。また，買主が知っている事項については保険請求ができませんが，サイニング後はより対象会社と密接に連絡をとることも多く，この場合，違反を知る可能性も高まるので，時間が経つにつれて，保険でカバーされる範囲が狭くなっていってしまうという懸念もあります。どうしても時間的に間に合わない場合には，保険の付保をクロージングの前提条件とした上で買収契約締結からクロージングまでの間に保険会社との交渉を行うというアレンジもあり得るものの，売主と買主との間で保険の内容に合意できずクロージングができないリスクがあり，避けたほうがよいです。

　保険付保の手続は，①複数の保険会社からの概算見積りの取得，②1社を選定後の条件交渉という2段階があります。米国，イギリスやオーストラリア等表明保証保険がよく使われている国ではより速やかに付保手続が進む可能性はありますが，一般的には全体で1カ月程度みておくのが安全です。

　また，保険を付保する場合としない場合では，売主の責任範囲や表明保証の内容等，売主との間での買収契約の交渉論点や作戦も変わってきます。そのため，保険を考えているのであれば契約交渉の開始前に手続を開始することが望

ましいです。買収契約の交渉の状況により合意するためのツールとして必要性が高まり，表明保証保険の検討を開始するケースもありますが，上記①の段階では費用はかかりませんし，当該案件でどのような条件の保険付保が可能なのかは売主と交渉する上でも知っておいたほうがよいので，あらかじめ準備しておいて損はありません。

　保険契約の内容は，買収契約と連動するので，保険を付保する場合には買収契約の交渉と保険契約の交渉が同時並行で進むことになります。また，保険の付保手続の中で保険会社が買主によるデューデリジェンスの内容の確認を行うので，その対応も必要です。案件の途中で検討を開始した場合，非常にタイトなスケジュールになり，十分に保険の内容を検討，交渉することができなくなってしまうケースも見受けられます。余裕をもって検討を開始するようにしましょう。

　ファンド主催のオークション等では，入札の段階で売主側から表明保証保険の利用が明示的に推奨されているケースもあります。このような場合，案件開始時点で準備を開始し，余裕をもって手続を進められることが多いです。

　前述のとおり保険の付保手続は，デューデリジェンスや買収契約の交渉等買収手続と連動し，並行して進める必要があるため，先の手続を見越した効率的なスケジューリングがより重要です。この点は経験に基づくノウハウ的なところがあるので，表明保証保険の利用に慣れていない担当者は早めに豊富な経験を持つ外部の弁護士などと協議しておくことが望ましいです。

Q7 Hold Harmless Letterとは？

Hold Harmless Letterについて教えてください。

> Hold Harmless Letterとは，デューデリジェンスレポートを第三者
> に開示するために，開示を受ける第三者がレポートを作成した法律事
> 務所や会計事務所に提出することを求められるレターです。意外に内
> 容の確定に時間を要することもあるので早めに準備をすることが望ま
> しいです。

解説

　Hold Harmless Letterとは，法律事務所や会計事務所等が作成したデューデ
リジェンスレポートを第三者に開示する際，開示を受ける第三者がレポートを
作成した事務所に対して提出することが求められるものです。

　本来，デューデリジェンスレポートは，依頼会社のために作成されたもので，
それ以外の第三者がその内容に依拠することは予定されていません。そこで，
第三者にレポートを開示する際には，その内容に関する守秘義務や内容に依拠
しないこと等を確認したレターの提出が求められます。

　Hold Harmless Letterが求められる典型的な場面は，表明保証の付保手続で
レポートを保険会社に開示する場合や，買主が買収のために，金融機関からフ
ァイナンスを取得するときに金融機関にレポートを開示する場合です。

　たいして時間を要しない書面と思われるかもしれませんが，大きな法律事務
所，会計事務所では（特に表明保証保険が一般的ではない法域等）内容の確定
や所内手続に時間を要するケースもあります。妥協点を見つけるため，内容は
種々工夫が可能なので，早めにレポートを作成した事務所に依頼し，協議を開
始することをお勧めします。

Q8　表明保証保険の対象とならないものはある？

買収契約に規定した表明保証事項が保険の対象とならないのはどのような場合ですか。その場合の対応策も教えてください。

買主がすでに認識していた事項，将来のことに関する表明保証，移転価格税制等の税務，年金積立不足，刑事上の罰金，環境問題，汚職等の分野は，通常表明保証保険の対象から除外されます。表明保証保険から除外された事項については，従来どおり売主の責任を規定する，他の保険を検討する等の対応策があり得ます。

解説

　買主がすでに認識していた事項，将来のことに関する表明保証，移転価格税制等の税務，年金積立不足，刑事上の罰金，環境問題，汚職等は，通常保険の対象から除外されます。また，デューデリジェンスのスコープから除外された事項やデューデリジェンスが不十分とされた事項も保険のカバーから除かれます。

　では，この場合どのようにリスクヘッジすべきでしょうか。

　表明保証保険を付保した場合，売主は保険を前提に自らの免責を主張してくることが多いです。しかし，必ず売主の責任を免責しなければならないわけではなく，買収契約上売主にどこまでの責任を課すか（免責するかやその範囲等）は交渉事項です。したがって，買収契約上，保険に加えて通常どおり売主の責任を規定した場合，保険除外事項については売主による賠償となります。その上で，その資力を担保するためエスクローを設定したり，保証人を要求したりすることで賠償請求権を確保することができます。

　また最近では，追加で別の保険を購入することにより，通常，表明保証保険から除外されるリスクにも保険をかける案件も出てきています。例えば，税務事項に関する保険，デューデリジェンスで発覚した特定の問題（係属中の訴訟等）に対する保険等の商品等，最近では，案件によりM&Aの際に利用できる保険商品も増えているようです。最近の情報をベースに，これらの利用も検討しながら，買収案件のリスクヘッジを考えていくことが重要です。

Q 9　表明保証保険を利用した場合の売主の責任は？

表明保証保険を付保した場合，売主には賠償請求できないのでしょうか。

> 表明保証保険を付保する場合であっても必ず売主の責任を限定しなければいけないわけではなく，売主の責任の範囲は買収契約での交渉事項です。本項では，保険を付保する場合の売主の責任規定のパターンを検討します。

解説

　表明保証保険を付保する場合，売主側から契約上の売主の責任を名目的なものにするよう要求されることが多いです。では，表明保証保険を付保した場合，常に売主には賠償請求をすることができないのでしょうか。

　表明保証保険を付保する場合には当然売主の責任を限定すべきと思われがちですが，保険を付すディールであっても，売主側の責任をどの範囲で買収契約に規定するのかは売主との交渉事項です。そのため，保険とは別に検討する必要があります。

　保険を付保する場合の売主の責任の規定の仕方は種々ありますが，以下が多く検討されるパターンです。なお，合意した内容を正しく契約書に反映する必要もあり，個々の案件に応じた契約書のカスタマイズが必要になります。保険に対応したテクニカルな対応を要しますので外部の弁護士と連携して対応するようにしましょう。

1　通常どおり売主の責任を規定する

　買収契約上，特に表明保証保険に応じた対応をせず，通常の表明保証責任を規定した場合，売主側の責任が最も広くなります。この場合，保険から除外される事項や保険が下りなかった事項については売主に請求することができます。

そうであっても，契約上，「表明保証違反が発覚した場合にはまず保険請求を行い，保険金でカバーされた場合には売主は責任を負わない」という建付にすれば，売主側にも保険付保のメリットがあります。もっとも，売主側の責任を限定するためのアレンジという意味合いが薄れるため，保険料の負担を売主側に求めることは交渉上難しいことが多いです。

2　Retentionの範囲で売主に責任を負わせる

　売主側の責任を一定程度認めるパターンとして，通常どおりの責任を規定するのではなく，保険契約上の免責金額（Retention）の範囲で売主の責任を認めるというアレンジもあり得ます。保険契約では，損害額が一定の免責金額を超えるまで保険金は支払われませんが，この分は売主の負担とするものです。通常の買収契約ですと，売主の責任上限（CAP）は，買収金額の10％を超えることも多いですが，Retentionの額は1％程度であるため売主にとっては大きなメリットになります。

3　完全に免責する

　完全に保険で売主の責任を代替し，例えば，買収契約上の損害賠償請求権の上限を名目的な額としたり，損害賠償請求は保険によるもののみとすべきと規定したりすることにより，実質売主が責任を負わない形とする場合もあり得ます。この場合，Retention額や保険から除外された事項については，買主がリスクを負うことになります。売主がファンドでClean Exitを求める場合等，このようなアレンジをすることがあります。売主側に大きなメリットがありますので，このような規定にする場合には保険料の負担を売主に求める交渉をすることも検討すべきです。なお，この場合，売主としては，買収契約書の表明保証の内容について交渉するインセンティブが非常に低くなりますので，保険会社の付保手続が厳格になったり，保険料が高くなったりすることがありますので注意が必要です。

コラム⑤　〜外部業者の醍醐味

　体力勝負なところもあるクロスボーダーM&Aですが，クライアントからの感謝の言葉と，得ることのできた信頼関係は得難い喜びで，すべてのモチベーションの源泉になっています。無理をいわれると，信頼されているような気がして逆にやる気が出たりすることも（笑）。仕事で信頼関係を築けたクライアントの方々と，お仕事外でも食事やお酒を共にし，その方のお仕事への想いや経験などいろいろな刺激を受けるのは本当に楽しいひとときで，筆者にとって一番のごほうびです。案件でご一緒した会社の当時のチームの方々と，毎年業務外でも定期的に集まって思い出話や現状報告をしていることも多く，今では仕事を離れた信頼できる昔からの同志のように感じています。

第 **6** 章

デューデリジェンスの
ギモン

Q1　汚職や粉飾決算はデューデリジェンスで見つけられる？

　対象会社が新興国にあり，汚職や粉飾決算が心配です。通常のデューデリジェンスに加えてより深い調査をする方法はありますか。

　汚職や粉飾決算等を意図的に隠された場合，法務デューデリジェンス等の通常のDDで問題を発見することは困難です。そのような懸念がある場合には，調査会社やフォレンジック調査等の利用を検討することがあり得ます。本項では，通常のデューデリジェンス以外に買収時利用可能な調査について検討します。

解説

　一定規模の案件であれば，通常，ビジネス，財務，税務，法務についてデューデリジェンスを行います。それに加え，保険や環境等についても対象会社の事業の性質により追加で専門業者を起用してデューデリジェンスを行うこともあります。しかし，対象会社が意図的に隠した事項等については，このような正攻法のデューデリジェンスで発見することが困難です。特に汚職等が頻発している国での買収を意図する場合，この点に懸念を抱く企業も多いと思われます。このような場合に，通常のデューデリジェンスに加えてとり得る手段はあるでしょうか。

　昨今増えているのは，調査会社の利用です。調査会社は，法務デューデリジェンスのように対象会社から正式に入手した書類や登記等の法的書面の確認ではなく，対象会社のオーナーが利用するソーシャルメディアや現地でのネットワークを通じた噂レベルの探索，外部の評判や地元メディアへの露出等インフォーマルな情報を含め調査をします。世界規模に展開している調査会社であれば，多くの国にネットワークを持っており，現地の調査員を使って調査をしてくれます。もちろん限界はありますが，このようなインフォーマルな調査で汚職の端緒をつかめる場合もあります。筆者も，通常のデューデリジェンスを行う中で，懸念事項が生じた場合など，調査会社の紹介を依頼されることも増え

ています。

　また，最近海外ではリーガルテクノロジー系の会社が提供するツールにより，フォレンジック調査をするという方法も開発されているようです。フォレンジック調査とは，メール等の莫大な量のデジタル情報から特定のいくつかのキーワードをベースに疑いのある事象がないか網羅的な調査を行うものです。例えば，外部専門家に内部メール等に汚職を示唆するキーワードがないか等の調査を行わせれば，一定程度コンプライアンス上の懸念事項があるかを調査できます。

　その他，マネジメントインタビュー等の正式な場ではなく，実務レベルの担当者とインタビュー後に飲みに行ったりした際に，会社の内部の愚痴や賄賂に関する話をさりげなく聞いてしまうというのも有効な場合があります。もっとも，近時はオンラインでのインタビューや交渉が増えているため，このような機会は減っています。

　国や業界により，正攻法のデューデリジェンスでは発見することが難しい懸念事項があることも多いです。その場合，伝統的なデューデリジェンスに加え，いろいろな方面からの調査を検討することが有益です。

Q2　デューデリジェンスの指摘事項に対する契約上の対応は？

デューデリジェンスで発覚した問題に対する契約上の対応を教えてください。

デューデリジェンスで発覚した問題については，当然問題の性質に応じて，案件ごとに工夫した対応をすることが必要です。とはいえ，いくつかの典型的な対応方法があるので，この基本を押さえた上で，事案に応じた対応方法を検討することが有益です。そのため，本項では，デューデリジェンスで発覚した問題に対する基本的対応方法を解説します。

解説

1　価格の減額

　発覚した問題のリスクの金銭評価が可能な場合（またはある程度見積ることができる場合），買収価格を減額するというのが最もシンプルです。3以下で説明する対応はクロージング後の対応になるので，請求が認められるかについてクロージング後に売主と紛争になる可能性もありますが，買収価格は契約書署名時までに合意しなければならないので紛争の先送りにはならない点に大きな利点があります。例えば，重要な訴訟や税務調査が係属しているものの，すでに手続がある程度進んでおり損害額が予測できる場合，違法なアスベストが工場で使用されているが，これに対応する工事費用等を見積ることができる場合等で有用です。

2　実行前提条件（Condition Precedent）

　クロージングを行うために満たさなければならない条件の完了を実行前提条

件（Condition Precedent）といいます。発覚した問題への対応を買主側の実行前提条件にしておけば，問題が解決しない限り買主はクロージングを拒否することができます。この対応は，価格の減額と同様クロージング後に問題を持ち越さないという利点があります。他方で，クロージング（売主にとって金銭の受領）の確実性が低下してしまうことから，売主側は多数の実行前提条件を規定することを嫌います。したがって，交渉上多くの事項を入れることが難しい場合もあります。売主との交渉に時間がかかるのが難点ともいえます。

3　特別補償
（Special Indemnity/Specific Indemnity）

　契約書では多くの表明保証事項が規定されます。しかし，買主がデューデリジェンスで問題を指摘されるなどして，認識した事項については，契約上「表明保証請求の対象とはならない」とされることが多いです。また国によっては，買主が知っていた事項は請求できないという趣旨の裁判例等がある場合もあります。したがって，デューデリジェンスの中で明確に問題（法令違反等）が判明してしまった場合，表明保証が規定されているからといって後に損害が生じた場合に請求できるとは限りません。そこで，このような問題について買主が知っていた場合でも損害賠償請求をできるようにするためには，「クロージング後に，○○から損害が発生した場合には請求できる」という形で事項を特定した補償義務の規定を入れる必要があります。これを特別補償（Special Indemnity/Specific Indemnity）といいます。

　契約時点で損害額が不明である事項に対して対応できる点は利点ですが，前述のとおり，クロージング後実際損害が生じたとして請求する段階で，損害との因果関係や損害額について相手方と合意できず，費用と時間がかかる可能性がある点はデメリットです。

4　表明保証
（Representations and Warranties）

　デューデリジェンスで発覚した事項が特定の問題ではなく，抽象的な懸念で

ある場合は3で記載したような「買主の知っている事項」には該当せず，表明保証でカバーし得る場合もあります。そういったケースでは，表明保証の内容を工夫することで対応することもできます。どの程度具体性をもって問題が指摘されているのかにより，そのような対応で十分かどうかの判断が必要になりますので，専門家に相談することが重要です。

5　誓約事項（Covenants）

　一定の行為を売主の誓約事項として義務づけることもあり得ます。義務の内容は各問題に応じ柔軟に規定することが可能なので，両者が妥協できるラインを探りたい場合等にとり得る作戦です。例えば，工場の土壌汚染が発覚し，実行前提条件としてクロージング前に工事をして対応することを求めたところ，クロージングを遅れさせたくない売主が絶対に応諾しないという状況の場合に，双方の妥協策として，売主側に工事計画を作成させ，契約締結後クロージングまでの間当該計画に従って対応を進めること，対応状況について買主に定期的に報告すること，これに対する買主の指示に従うことを義務づける等，いろいろなアイデアがあり得ます。

　発覚したリスクのレベルや売主との交渉状況に照らして対応を選択していくことが必要です。

Q3 デューデリジェンスで指摘された各問題への対応のレベル感は？

デューデリジェンスレポートで指摘された問題について，どこまで契約書で対応をすべきでしょうか。

> 外部のアドバイザーが作成するデューデリジェンスレポートでは，指摘する問題についてリスクを回避するために推奨される契約上の対応が記載されることが多いです。しかし，実際の案件では，許容できるリスクとできないリスクの取捨選択と総合考慮を行った上で，一定の問題は対応しないということもあります。本項では，このような総合考慮の視点について検討します。

解説

デューデリジェンスで発覚した問題について，財務，税務，法務ともに，デューデリジェンスレポートの中で，外部アドバイザーとして推奨する契約書での対応策が記載されることが多いです。この場合，案件担当者としてできる限りそのとおりに規定するよう交渉しなければならないと感じてしまうこともあるようです。

もちろん自社側に大きな交渉力がある場合であれば，すべての対応を求めるのが望ましいのですが，そういうケースばかりではありません。特に競合が多く参加しているオークションの場合には，契約書で多くのことを求めすぎるとオークションの選考で不利になるリスクもあります。

指摘された問題に対する契約上の対応が規定されないのは，その問題が顕在化して損害を被る可能性があるという意味でリスクですが，他方で競合他社に案件を取られてしまったり，過度な要求で案件が壊れてしまったりということもビジネス上のリスクになり得ます。

買収の経済的メリットとのバランスで，デューデリジェンスで発覚した問題の中で最重要なものに絞って要求し，その他は対応しないという場合や，何らかの要求をする場合でも，実行前提条件での対応のような高いハードルではな

く，努力義務等相手方に受け入れやすい形を検討することも時には必要です。許容することができるリスクとできないリスクの取捨選択が必要になりますので，デューデリジェンスレポートを表面上読むだけではなく，そのリスクの詳細やリスクが現実化する可能性についてアドバイザーを含めてよく検討し，自社にとって何が重要なのかを判断することが肝要です。

Q4 デューデリジェンスにより発見された土壌汚染……どうする？

デューデリジェンスにより，対象会社の工場の土壌汚染が判明しました。契約書でどのような対応をしたらよいでしょうか。

日本企業は工場の管理等に関し意識が高く，明確に法令に違反していなくても現地訪問で内情を見て懸念を抱くこともままあると思います。管理がずさんで懸念があるものの，法令の明確な違反があるわけではない場合，交渉上契約での対応を要求することが難しいことが多いです。その場合，買収価格に織り込むことも検討すべきです。他方で明確な法令違反がある場合には，本項で記載するような契約上の対応を求め交渉を試みるべきです。

解説

工場を保有している対象会社の場合，外部の専門業者を起用し，環境専門のデューデリジェンスを行うことも多いです。その結果，土壌汚染や危険物質の存在，アスベストの存在等の環境問題の存在が発覚することがあります。この場合，契約上でどのような対応を求めるべきでしょうか。

相手方に何を要求するのかを検討する上で，発覚した問題が法令違反なのか否かは重要なポイントです。環境デューデリジェンスでは，法令違反の他，法令が存在していないまたは法令違反はないものの，環境上の懸念がある事項も指摘されることが多いのですが，現地法の法令違反があるか否かは注意して確認する必要があります。

日本では，環境対応への意識が高い企業が多く，現地法に違反していなかったとしても管理レベルに懸念を抱くこともあるでしょう。しかし，法令に違反していない懸念事項について，契約書で特別補償等を売主に求めることは，（もちろん相手方との関係によりますが）合理的な説明が難しく，交渉上困難であることが多いです。このようなケースでは，（場合により）ある程度の費用を見積り，（可能であれば価格に織り込んだ上で）クロージング後のPost

Merger Integrationで対応するのが現実的だと思われます。

　他方で明確な法令違反が存在する場合には，契約書で何らかの対応を求めることに合理性があるので，基本的には何らかの対応を求めて交渉を試みるべきです。以下は，考えられる対策のオプションです。

・実行前提条件

　買主にとって最も望ましいアレンジはクロージングの前提条件として法令違反を是正してもらうことです。もっとも，土壌汚染等の環境問題の場合，対応に時間がかかることが多く，クロージングのスケジュールから考えて現実的でない場合も多いです。その場合，他のオプションを検討する必要があります。

・特別補償

　スケジュールの関係でクロージング前の対応完了が難しい場合，特別補償（Special Indemnity）を規定することもあり得ます。ただし，後に特別補償に基づき損害賠償請求した際に，何をもって「損害」とするかという点について売主との間で紛争になり，速やかに支払ってもらえない，当該紛争への対応で多額のリーガルフィーが生じるなどのリスクがある点は留意事項です。

・売買代金の減額，エスクロー

　上記のような後の紛争を避けるため，環境問題是正のために必要となる行為が明確なのであればその対応代金を売買価格から控除して，買収後に買主側でその資金で是正対応をするというアレンジもあり得ます。買収後に売主との間で合意する事項はないため後の紛争を生じるリスクが低い点，および買収後に支配下に入った対象会社の状況を詳細に調査して買主の判断による柔軟な対応ができる点が利点です。また，対応にかかる費用の概算（つまり，代金の減額分）に両者が合意できない場合には，一定額をエスクローに入れた上で対応費用に充てることとし，余剰が生じた場合には売主に返すというアレンジもあり得ます。

・コベナンツ

　スケジュールの関係でクロージングまでに是正行為を完了することが難しい場合であっても，クロージングまでの間に対応し得る範囲で環境是正行為を行う義務をコベナンツとして規定することもあり得ます。クロージング後は買主が引き継いで対応することになりますが，それまでの間に売主側で一定の対応をすることを確保する趣旨です。

・保険の検討

　環境に関する保険を付すこととし，売主に保険料を負担するよう求めるといったことも考えられます。

　その他案件に応じて，契約上の対応として種々の方策が考えられるので，生じている問題の内容や状況に鑑み柔軟に対応を検討すべきです。

Q5 Change of Controlへの対応のオプションは？

デューデリジェンスの中で対象会社の締結している契約にChange of Control条項があることが発覚しました。契約上の対応としてどのようなオプションがありますか。

COC（Change of Control）条項の典型的な契約上の対応策は，クロージング前提条件として契約の相手方から買収を認める旨の書面を取得することを規定することです。しかし，売主側にとってはハードルの高い規定であるため，対象となる契約の重要度とのバランスで他の対応を検討する必要があります。本項では，COC条項に関してとり得る選択肢と考慮要素を検討します。

解説

Change of Control条項とは，支配権を有する株主の変更により，既存の契約の相手方に契約を終了する権利等が生じる旨の条項を意味します。ヨーロッパや米国のファイナンスに関する契約や知的財産のライセンス契約などに規定されていることが多い条項です。

これまで日本企業はアジア以外の法域も含め比較的世界でも好意的に受け取られることが多く，日本企業による買収で実際Change of Control条項を理由に契約を終了させられた例は多くはないように思われます。とはいえ，国によっては国が内資企業や内国雇用を推進する政策を採用して援助金を与えていたり，国内の雇用が悪化しており外資による買収により事業上の影響（消費者離れのリスク等）があるケースもあり，取引先が外資の傘下に入った対象会社との取引を嫌い，思わぬ形で関係を終了されるケースもありますので，油断は禁物です。

典型的な対応方法は，当該契約の相手方からChange of Control条項に基づく権利の放棄書（COC Waiver）や買収の承諾（COC Consent）を取得することをクロージングの前提条件として規定するというものです。このような規定

を入れることで，Change of Control条項がトリガーする可能性を排除した上でクロージングできるので，買主にとってはベストなアレンジです。最重要な借入先や顧客であり，当該取引の相手方との事業上の関係が買収の前提として不可欠という場合には，上記前提条件を規定することを必須として交渉すべきです。

ただし，Change of Control条項について，クロージングの前提条件として放棄書や承諾書の取得を規定した場合，相手があることであり取得できるかを売主だけで左右できるものではありません。そのため，クロージングの可否が第三者の行為に依拠することになり売主側にとって受け入れるハードルが高いです。したがって，Change of Control条項があるすべての契約についてこれを規定することは難しく，どの契約について実行前提条件とするのかは対象契約のビジネス上の重要性に鑑み検討が必要です。

では，このようにして最重要な契約を絞った上で，除外されたものについて実行前提条件として規定すること以外にどのような対応策があり得るでしょうか。まず，「承諾取得をする」という努力義務を課すという対応が考えられます。しかし，「努力義務」というのは曖昧でどのような対応を義務づけることができるのか不明確ですので，あまり有効な手段ではありません。

そこで，相手方にも受け入れやすい範囲での売主側の行為を実行前提条件として規定することもあり得ます。例えば，売主が買主を契約の相手方に紹介することを義務づけ実質的に良好な関係を築けるようにしておく，あらかじめ合意した通知の送付を義務づける等が一例です。その他業界慣行やビジネス上の背景に照らしいろいろなパターンがあり得ると思われます。

なお，Change of Control条項は存在するものの，どのみち両当事者から中途解約可能になっている契約という場合があります。この場合には，どちらにしろ，相手方はいつでも契約を終了できるので，放棄書や承諾書を取得する意味がないとも思われるかもしれません。法的にはそのとおりです。他方で，現実問題として案件の連絡を受け放棄書または承諾書まで出している場合には，契約の相手方も買収を問題視していないことが予測されます。この意味から放棄書や承諾書の取得をビジネス上要求することを検討してもよいでしょう。

これらの書面の取得を実行前提条件とすることにできた場合，加えて取得す

る書面の内容についても売主と合意しておくことが望ましいです。明確な放棄書や承諾書の取得がビジネスリレーションシップ上取得しづらい場合には紳士協定文言等を要求し，このような書面が取得できた場合には法的な拘束力はないものの，買収後取引を打ち切られる現実的なリスクは高くないと判断し，クロージングを行うというビジネス上の判断もあり得ると思います。取得書面のドラフトの際には，どのような法的効果を持つのかを含めよく検討し，内容を工夫することが必要です。

　リスクヘッジを意識するあまり取引の相手方に無理な要求をして買収後の取引先との関係に悪影響を与えてしまうリスクもあります。買収後も契約の相手方と継続して取引を行うことが重要なので，ビジネス上の実態を踏まえて対応する必要があります。

Q6　国内案件とクロスボーダー案件のデューデ リジェンスの違いは？

　国内M&Aとクロスボーダー M&Aでデューデリジェンスのやり方に違いはありますか。

　大枠の進め方やスケジュール感は，国内案件とクロスボーダー案件で大差はありません。しかし，デューデリジェンスの対象資料が言語の違いにより自社側での直接確認が難しいこと（特に英語以外の法域），法律事務所の使い方や利用できる制度の違いなどから，いくつかの留意点があります。本項では，国内案件とクロスボーダー案件のデューデリジェンスの違いについて検討します。

解説

　リーガルデューデリジェンスの進め方の大枠，つまり買主側弁護士が情報リクエストを送り，情報が多くの場合バーチャルデータルームを通じ提供され，QAシートにて対象会社に質問を送り，適宜対象会社にインタビューを行い，報告書を作成するといった手続は，国内M&Aでもクロスボーダー M&Aでも同様です。しかし，クロスボーダー M&Aについてはいくつか留意する点があります。

1　言語の問題

　英語圏以外の国の対象会社である場合，契約書や会社関連書面等は英語以外の言語で作成されていることが多く，日本側の弁護士や企業担当者で直接書面を確認することが困難です。そのため，外部法律事務所に対するデューデリジェンスのスコープや進め方に対する指示がより重要になってきます。

　また，言語が異なる中で，より自社の意向に沿ったデューデリジェンスを進めるためには，種々の工夫をすることが有益です。例えば，デューデリジェンスの資料を提供してもらう際，資料のファイル名だけでも英語にしてもらうの

も一案です。これによりデータルームにどのような書面が提供されているかの大枠だけでもつかむことができ，デューデリジェンスのスコープを確認指示するのに便利です。多くの案件を経験している日本のアドバイザーであれば，これだけでデューデリジェンスの状況の大枠を把握することができるはずで，案件管理にも有益です。事業契約については，自社が把握する対象会社のビジネスや商流に照らして不足がないか，リスクある分野の契約が出ているかのあたりを付けることもでき，現地法律事務所に勘所を踏まえた適切な指示をするのに役立つこともあります。

　通常デューデリジェンスレポートはredflagreport形式と呼ばれる問題点だけを指摘した報告書が作成されることが多いのですが，特に重要な分野については元の書面の確認が困難なことを踏まえ，redflagだけではなく，内容の報告も含めた形での報告書をオーダーすることも検討に値します。さらに，事業上リスクが高い契約類型があるときには，場合によっては文書を特定して翻訳に出して確認することもあり得ます。

　これらの特殊なアレンジをする場合には事前にフィーの体系についても合意することが必要です。後でフィーの額やアウトプットの内容で「こんなはずではなかった」とならないよう，海外事務所の扱い方のノウハウについては，経験豊かな日本の弁護士に相談することをお勧めします。

2　欧米でのデューデリジェンス

　欧米の法律事務所を使う際は注意すべき事項もあります。米国や英国等では，弁護士の専門化が非常に進んでいます。デューデリジェンスの作業も，日本よりもはるかに特化した専門分野ごとに数多くの弁護士が分担して行っている場合が多いです。そのため，場合によっては一部弁護士に懸念事項が伝わっていなかったり，ディールの全体像が理解されていなかったり，各分野で矛盾する事項があるのに連携がとれていなかったりというケースもあります。そのため，通常にもまして，日本側での統括管理が重要です。

　さらに，欧米では弁護士だけでなく法律事務所自体の専門化も進んでいます。大手事務所はほとんどの分野をカバーはしていますが，対象会社の特殊性によ

ってはブティック事務所を起用したほうがより深いデューデリジェンスを行ってくれるケースもあります。案件の性質等に鑑み，法律事務所を選択することが有益です。

3　新興国でのデューデリジェンス

　新興国では法律事務所のクオリティにばらつきがあります。報告書が提出されるのはデューデリジェンスの終盤ですので，その時になって想定と異なる内容の成果物が提供され，自社の検討やスケジュールに影響を与えるケースも見受けられます。

　例えば非常に分厚い報告書が提供され，内容はほぼデータルームの資料の写しにすぎず報告書とはいいがたいもの，逆に非常に分量が少なく何を検討したのか不明であるもの等が作成されてしまうこともあります。初めて起用する事務所の場合，デューデリジェンス開始前の段階で報告書の内容についてよく協議し，成果物のイメージについてある程度擦り合わせをしておく等の対応が望ましいです。

4　利用できる制度

　日本と異なり，公の制度として，担保権が存在しているかを確認するLien Search，訴訟および倒産手続が係属しているのかを確認するLitigation Searchが可能である国も多いです。法律事務所ではなく当該制度がある国ではこれを利用することによりデューデリジェンスの作業を限定することができます。留意点としては，あまり早いタイミングで調査を行ってしまうと，データが古くなり最近係属した訴訟をカバーできなくなってしまう点です。しかし，一定の時間を要する場合もありますので，指示のタイミングが遅すぎるのも望ましくありません。ディール全体のタイミングを見ながら，適宜調査開始の指示をする必要があります。

Q7　対象会社がデューデリジェンスで十分な資料を提供しない場合，買収をやめるべき？

デューデリジェンスで要求した資料が十分に提供されない場合，どのように対応したらよいですか。

> 買収決定をする前提として，十分なデューデリジェンスを行うことが望ましいです。しかし，現実には資料を要求したものの十分に提供されず，デューデリジェンスを満足する形で行うことができなかったというケースもあります。本項では，そのような場合に買収中止を検討すべきか，また，デューデリジェンスが不十分なまま買収を進めることを決めた場合にとり得る対応策は何かについて検討します。

解説

　実際のデューデリジェンスでは，要求した情報の一部が提供されないケースは少なくありません。その場合，まず90％は確認が取れたのか，ほとんど実質的なデューデリジェンスが行えていない状態なのかといったレベル感を把握する必要があります。

　主要な確認はできているものの，細かい点で資料が提供されていなかったため，デューデリジェンスレポートの複数の項目で「資料が不十分」という指摘があることは実際少なくありません。この場合，完璧にデューデリジェンスを完了しようとすると，いつまでたっても買収できないということにもなりかねず，ある程度の段階でデューデリジェンスを完了することも検討する必要があります。他方で，実質デューデリジェンスがほとんどできていない状態であれば，会社の方針決定として経営判断のための十分な情報が得られないとして案件中止という決断をする必要も生じるかもしれません。

　まずは，日本企業によるクロスボーダーM&Aのプラクティスをよく知る外部弁護士と協議し，デューデリジェンスがどれだけ不十分なのか一般のプラクティスに比べたレベル感を把握することが必要です。

　では，多少デューデリジェンスが不十分であるものの，買収することを決め

た場合にとり得る対策はあるのでしょうか。以下考え得る対応を記載します。

- 価格交渉

　確認が不十分であった分野については，その分リスクを負って買収をするということになるので，価格自体を下げる交渉をすることがあります。

- 表明保証の内容の工夫

　契約上規定される表明保証の対象は，原則として具体的に問題点が発覚していない事項です。この点，デューデリジェンスが十分でない場合，具体的に問題が発覚しているというより，むしろ潜在的な懸念が多数存在している状態です。言い換えれば，表明保証の対象となる分野が多いということですので，通常より表明保証の文言を厚くし，特に考えられる懸念については具体化して規定する，多数の重複した条項を規定しどのような事項が生じてもどこかの文言でカバーできるようにしておく等の対応があり得ます。そうすることで，表明保証違反となるリスクを避けるため，契約書交渉の中で売主のほうから表明保証違反となることを避けるためデューデリジェンスで開示されなかった情報を自主的に開示してくるケースもあります。

- CAPの増額

　デューデリジェンスが十分でない分野については潜在的な表明保証違反の可能性がより高いと言えます。ですので，当該分野については，他の事項とは別枠で，表明保証違反責任の上限（CAP）を高めに設定する交渉をすることがあり得ます。

- 開示の十分性に関する表明保証

　表明保証に入れるべきか否か論点となる項目に「開示情報の十分性」があります。「売主は投資の検討に必要となる情報を十分に開示しましたよ」という内容の表明保証です。この条項の内容を工夫し売主にプレッシャーを与えるのも一案です。「表明保証の内容の工夫」の場合同様，契約交渉の中で追加情報が提供される契機になる場合もあります。

- 表明保証保険の利用

　表明保証保険を利用してリスクヘッジをするという対応もあり得ます。この点，デューデリジェンスが十分でないため具体的に保険から除外される事項が少なくなるのではないかと思われるかもしれませんが，デューデリジェンスが十分に行えていないと保険会社に判断された分野は保険のカバーから除外されてしまう可

> 能性が高いので，留意が必要です。

　あまりに軽いデューデリジェンスしかできなかった場合には買収を中止するという選択肢も検討すべきです。しかし，初めて海外の企業を買収する場合，日本企業は逆に慎重になりすぎてしまうケースもあるようです。実務上デューデリジェンスを行う中で要求した書面や質問への回答が完全に提供されるとは限りません。慎重にリスクを検討した上で買収を決定すべきなのはもちろんですが，他方でデューデリジェンスは，細かく調査しようと思えばきりがないので，通常のレベルを超えて細かい情報について完璧な情報提供を求め続けたために，デューデリジェンスだけで数カ月かかってしまい高額なアドバイザーコストが生じたり，相手方が音を上げて案件が壊れてしまったりした事例も見受けられます。レベル感に照らして不合理でない範囲であれば，上記のような，できる対応策をとった上で買収を進めるという判断もあり得ます。

　本項の内容については，買収のメリットとリスクを踏まえたバランスの取れた判断が必要になります。これは法的判断ではありませんが，筆者も様々な買収のデューデリジェンス事例やその後のPMIと生じた問題を経験しているので，それを踏まえて，多少踏み込んだアドバイスをすることも多いです。

Q 8　M&Aディールがブレークした後の対象会社との関係は？

デューデリジェンスで大きな問題が発覚して買収を中止した場合でも，対象会社と関係を持ち続けるケースはありますか。

買収案件としてプロジェクトが開始した後，「買収をしない」という決定をした場合であっても，ビジネス上対象会社が魅力的なパートナーである場合，今後の対象会社との関係に関して柔軟な視点を持つことが有益です。本項では，そのような関係継続の可能性について検討します。

解説

　デューデリジェンスの過程で買収を妨げるような大きな問題が発覚することがあります。重大な法令違反が発覚したり，事業上のリスクが高すぎたりして買収は難しいとの判断になるかもしれません。また，管理部門があまりに弱く，コンプライアンス上買収できないということもあり得ますし，その対応に必要なPMIのコストが大きすぎて買収に見合わないこともあるかもしれません。しかし，そのような問題はあっても，対象会社の事業と連携していくことに魅力があることもあり得ます。

　買収案件としてプロジェクトが開始すると，買収不可の場合，すべての協議は終了というゼロサムの認識になりがちです。しかし，対象会社との事業上の取引は買収以外にもあり得ます。

　例えば，創業10年でカリスマ経営者の活躍で急成長を遂げた対象会社について，デューデリジェンスの中で取引先との間の契約に重要な問題点が発覚したとします。この際，対象会社の従業員は短期従業員で入れ替わりが激しく，ビジネスのほとんどを経営者の手腕に依存していた場合，このカリスマ経営者を自社の現地法人のマネジメントとしてリクルートする可能性もあるかもしれません。買収が難しいという判断になった場合でも，競合他社の参入を防ぐため独占方式で資本関係のない事業提携を行う，マイノリティ出資をした上で今後

の戦略について検討していく等，様々な可能性の検討ができます。実際の案件でも買収取引として開始したものの，種々検討を経て他の形態での協力関係になったケースも少なくありません。

　長年案件に関与していると，種々の工夫でビジネスが思わぬ方向で発展することがあり，大変興味深く思います。事業上の目的に照らし，常に柔軟なストラクチャーを検討する姿勢が必要だと思います。

コラム⑥ 〜よい弁護士って何だろう

　M&A弁護士は訴訟の代理人などと異なり，資格がないとできない業務ではありません。「いなくてもいいけど，いてほしい」と思われることが必要で，この仕事を始めてから「クライアントの役に立つ弁護士とは何だろう」と何度も悩んできました。私見ですが，企業法務であっても弁護士はやはり「代理人」なのだと思います。クライアントのやりたいこと，いいたいことを理解するための質問力，言外のニュアンスまで汲み取る理解力，それを契約書と交渉に反映する表現力が大事だと思っています。特にクロスボーダーM&Aでは，複雑なことをシンプルかつ十分に表現することが重要な役割の１つなのではないでしょうか。もちろんそのためには経験に裏打ちされた知識やノウハウが必須です。例えば国内外の法令や契約解釈の背景，デューデリジェンスで発覚した問題点等の複雑な問題を深く理解した上で，日本の常識や法令の特殊性も踏まえ，非常にタイトなスケジュールで行動しているクライアントにどれだけシンプルかつ的確に伝えられるか，クライアントの懸念，要求を，ニュアンスも含めてどこまで深く理解し，相手方への交渉や契約文言に反映させられるか，これらはソフトな面ですが，非常に大事なことだと思っています。もちろん，弁護士を使う担当者の方の正直な感想（と厳しい批評（笑））も真摯に受けとめるようにしています。

第 7 章

競争法の注意点

Q1　競業関係間での情報開示の注意点は？

デューデリジェンスの中で取得してはいけないのはどのような情報ですか。

> 買主候補と対象会社が競合関係にある場合，競争に影響を与え得る情報を共有することはどの法域であっても（程度の差はあれ）競争法上禁止されています。買収を検討している状況において，必要な範囲であれば一定程度の情報共有は認められていますが，行き過ぎた情報交換をしないよう注意が必要です。この場合には，競争への影響をなくすため「クリーンチーム」をつくることもあります。

解説

　デューデリジェンスの過程で買主候補は対象会社から事業に関する情報を取得することになります。しかし，多くの法域で競争法上，競争関係にある当事者間では，競争に影響を与えるような情報を共有することができません。買主と対象会社の事業内容が競合する場合，情報の種類によっては，入手することが競争法に違反することもあるので注意が必要です。例えば個別製品の価格やコスト構造，今後の営業戦略に関する情報等は競争に影響を与えるとされるリスクが高いです。

　法務部としては，競合する事業の買収を行う場合，デューデリジェンス開始前に競争法上の規制についてチームメンバーに説明し，マニュアルを作成するなどして違反が生じないようにする手当てを行うことが望ましいです。

　他方で買収案件は同業界にいる当事者同士の間で行われることも多く，競争に影響を与える可能性のある情報を一切開示できないとすると，買収の検討が難しくなってしまう場合もあります。そこで，以下のような対応があり得ます。

- 情報の加工

　個別の製品に係る価格や顧客ごとの売上等具体化した情報は競争に影響を与える可能性が高いです。そのため，個別の数値ではなくできる限りまとめた数値で情報の開示を受けることがあり得ます。また，契約書等の書面については，問題のある記載を黒塗りした上で開示を受けるのも一案です。

- クリーンチームの設置

　買主側でクリーンチームを作り，クリーンチームのみに情報を開示してもらうというアレンジも頻繁に行われています。この場合，競争に影響を与える可能性のある情報へのデータルームでのアクセス権はクリーンチームのメンバーにのみ与えられ，クリーンチームのメンバーは，該当する情報を確認することができますが他のディールメンバーに共有することはできません。クリーンチームは，買主の外部アドバイザーである弁護士や会計士だけである場合や，それに加え買主である会社の一部のメンバーも入る場合があります。社内メンバーをクリーンチームに入れる場合，営業に直接関わるメンバーは除外し，M&Aの専門部署等に限定することが必要です。また，クリーンチームのメンバーが社内報告資料を作成する際にも，報告の仕方に留意が必要です。

　どのような情報を開示することができないのか，また，開示するとしてもクリーンチームのみにするのか否かは，買主と売主の間でしばしば争われる事項です。競争法を遵守しなければならないのはもちろんですが，実務上売主側が他の理由で開示をしたくない場合に，競争法を理由に開示を拒否するということもあり，この場合は買主側も自らの弁護士と相談の上，売主の主張の正当性を見極める必要があります。

Q2　ガンジャンピング規制とは？

ガンジャンピング規制について教えてください。

買収の前に競争法上の届出完了が必要であるにもかかわらず，それ以前（交渉中）に実質グループ会社であるような行為を行ってしまうこと，および買収完了前に競合者間で共有できない情報を共有してしまうことは競争法上禁止されています。このような規制はガンジャンピング規制と呼ばれています。具体的にどのような行為がNGであるのかは微妙な判断を必要とするので，疑義が生じた場合には都度外部アドバイザーに相談して進めることが望ましいです。

解説

　①買収のためにいずれかの国で競争法上の届出が必要である場合に，当該当局から買収の許可が出ていないにもかかわらず，あたかも買収を完了したような行為を行うことは競争法に違反します。②また，届出義務の有無とは別に，競争法上問題のある情報を当事者間で共有することは禁止されます。これらはあわせて広い意味でのガンジャンピング規制と呼ばれます。

　①の規制については，抽象的には「統合準備行為は行うことはできるが，統合行為は行ってはならない」とされています。しかし，具体的に何を行えば統合行為となってしまうのかは個別の判断です。例えば，共同で営業を行ったり，ITシステムを統合してしまったりすることは基本的に許されませんし，②の規制とも重複しますが，グループ会社間でしか共有の許されない情報を互いに共有してしまうことはNGです。対象会社の取締役に指示を与えて経営に影響力を及ぼしたりすれば禁止行為に該当する可能性が高いですが，買収後の営業計画についてシミュレーションすることは許される場合もあると思われます。規制の基本的事項を理解した上で，判断に迷う事項については適宜外部アドバイザーに確認しながら進めることが必要です。

　②の規制については，競争に影響を与え得る情報を共有することは禁止されており，ことさら買主と売主／対象会社が競合する事業を行っている場合には

厳格に考える必要があります。例えば，顧客やサプライヤー，価格やコストの内訳，営業戦略等はセンシティブな情報とされています。これらの情報を含む資料の共有が買収の検討に必須である場合には，リスクの高い情報が含まれる部分については黒塗りにして開示する，情報を提供する場合に個別の数字ではなく総額のみを開示する等の対応をする必要があります。

　買収の検討過程で対象会社との今後のシナジーについて協議することの多い事業部担当部門では，故意的ではなくてもいき過ぎた協議や協力をしてしまうこともあり得ます。日本と比較して競争法の規制の内容や執行が厳しい国もありますので注意が必要です。

Q3　競争法上の届出はどのような場合に必要？

海外企業を買収する場合，競合関係にない場合でも競争法上の届出の必要があるのでしょうか。

多くの国では，実質競合関係にない場合であっても買主候補と対象会社の当該国での売上高をベースに届出の要否が判断されます。加えて，国によっては保有資産等別の基準も併用されていることがあります。また基準額が非常に低い国も存在するので注意が必要です。M&Aを扱う法律事務所では，このような情報を網羅的に把握しているので，全世界についてクイックに確認することが可能です。

解説

クロスボーダー M&Aでは，買主および対象会社ともに国内外で一定の売上を上げている場合も多く，買主や対象会社の設立国はもちろん，それ以外の国でも競争法の届出が必要になるケースが少なくありません。そのため，買収にあたっては，いずれかの国で届出が必要にならないか，網羅的な確認をすることが必要です。

どこの国で届出が必要になるかは，多くの国に関しては買主および対象会社の売上高を基準に判断されるので，まずは自社の各国別売上高と対象会社の各国別売上高を確認し，売上が存在する国について詳細な検討をすることになります。これに加えて，国によっては保有資産の額等売上高以外の基準でも判断される場合があるので，それらの国については個別に確認していくことになります。また，ごく一部ですが基準となる売上高が非常に低い国もあり，このような国については特に注意して微少な売上がないか等を確認する必要があります。

各国の判断基準は常にアップデートが必要ですし，企業内部で常に全世界について最新の情報を持っておくことは難しいと思われます。クロスボーダー M&Aを多く扱っている事務所であれば，常に全世界の最新情報をチェックをしており，確認が可能なので，そのようなサービスを利用するのが効率的です。

第 **8** 章

CFIUS対応

Q1　CFIUSファイリングとは？

CFIUSファイリングの制度の概要およびファイリングをすべき場合について教えてください。

CFIUSへのファイリングは，海外の会社が米国の対象会社の支配権を取得する場合に，米国の国家安全保障に悪影響がないという当局の確認を得るために行うものです。一定の場合にファイリング義務がありますが，多くの場合，当該確認を得るため任意に行われています。CFIUSに問題視される可能性がある取引については任意でファイリングを行うべきですが，任意のファイリングをすべきかについて，明確な基準があるわけではないので，CFIUSが重視すると思われる事項を総合考慮し，判断をする必要があります。

解説

　重要な技術やインフラに関する事業の一部に関する買収等，一定の場合についてCFIUSへのファイリングは義務とされています。強制ファイリングの対象となるかどうかは，法令に基づき対象会社の実態（保有技術の詳細等）の確認が必要となるので，懸念がある場合には，デューデリジェンスと並行してCFIUS対応の観点からの対象会社への聞き取り調査等も行うことになります。

　上記のとおり，ファイリングの義務がある場合もありますが，任意でファイリングを行うこともできます。現在のところ多くのファイリングが任意でのファイリングです。任意のファイリングを行うメリットは，自主的にファイリングを行い，買収取引がCFIUSにより承認されれば，その後CFIUSが当該取引を問題視するリスクがなくなることです。逆にファイリングを行わなかった場合，買収後数年経ってからでもCFIUSが当該取引を問題視し，覆すリスクが残ることになります。

　とはいえ，ファイリングを行う場合，一定の時間が必要になり買収の日程に影響を与えますし，リーガルフィーを含む追加コストが発生します。そのため，CFIUSに問題視される可能性がどれくらい高いのかの分析を踏まえて，ファ

イリング義務を負わない場合でも，任意のファイリングを行うかを判断することになります。

　このような検討にあたり，CFIUSが重要視している事項，例えば対象会社が比較的重要と思われる情報を有しているか，対象会社の業務の内容や軍関連の仕事を請け負っているか，対象会社の場所（政府や軍の施設の近辺か），顧客に政府系機関が含まれているか，対象会社が有する技術や今後開発予定の技術，買主のロシアや中国での活動，政府系株主の割合等を考慮します。

　なお，買収時にCFIUSの関心の対象となる可能性がほとんどない対象会社であっても，前述のとおりCFIUSの監査の可能性は買収後も期限なく続くことになるため，将来の可能性も考慮して判断するべきです。例えば，買収時に対象会社の事業規模が非常に小さく懸念がない場合でも，日本の大企業による買収によってシナジーが生まれ事業拡大が予測される場合や，今は政府系の業務を行っていなくても買主企業のビジネス上の計画として買収後これらの分野にも進出することを企図している場合，今後買主企業グループが中国やロシアのビジネスを拡大しようと計画している場合等，後になってCFIUSの懸念を抱く状況になる可能性がある場合には，数年後に買収が問題視されるリスクがあります。このような場合には比較的容易にクリアランスが取れる買収段階でファイリングしてしまうほうが得策であることもあります。

　ファイリングをするかは最新のCFIUSの動向も踏まえ，米国の専門弁護士も入れて検討することが多いのですが，任意ファイリングをすべきかについてはっきりとした基準があるわけではないので，任意ファイリングをすべきかについては，米国事務所側の見解も玉虫色のアドバイスとなることが多いです。そのため，正式にメモ等の形で提供される検討結果とは別に，CFIUS専門の弁護士から，正直なところの「感覚感」を引き出すノウハウも時には有用です。

　ファイリングをするか否かは戦略的判断ですので，外部の専門家と密に相談し，自社および対象会社の今後の事業をよく踏まえて決定することが必要です。

Q2　簡易手続，それとも，正式手続？

　CFIUSへのファイリングでは，簡易手続と正式手続のどちらを選ぶべきでしょうか。

> ごく形式的な確認で完了する見込みの案件は簡易手続，それ以外の案件は基本的に正式手続とするべきです。案件によっては必ずしも簡易手続のほうが早く終わるとは限らないので注意が必要です。

解説

　CFIUSのファイリングには，Declaration Filing（簡易手続）とNotice Filing（正式手続）があります。簡易手続では，レビュー期間は30日とされており，正式手続では，調査まで行われた場合には90日です。準備すべき書面の内容も異なっており，正式手続で必要な添付書類の多く（特に実務上情報収集に時間を要する買収者の役員の詳細情報等）は，簡易手続では不要とされています。そのため，通常，ファイリング資料の作成に要する期間は，正式手続の場合通常2〜3週間であるのに対し，簡易手続では1〜2週間であることが多いです。また，正式手続の場合，プレファイリングといって資料の内容について当局の確認を得るのに2〜3週間かかり，それが終了した後に正式にファイリングを行うことになるので，その期間も考慮する必要があります。

　このように簡易手続は準備の期間および手間を削減することができます。では，簡易手続を選択することで常に手続を速やかに進めることができるのでしょうか。

　簡易手続を行った場合，当局の反応として以下のパターンがあり得ます。

---

①　正式ファイリングの要請
②　期間内に検討が終わらなかったとの通知
③　一方的な調査の開始
④　クリアランスの付与

　注意が必要なのは，当局にはレビュー期間中に内容の確認を完了する法的な義務はない点です。そのため，例えば単に「業務が立て込んだから」という理由で確認が終わらなかったとされる可能性もあります。簡易手続を行った結果，結論を出してもらえず，結局正式手続を再度開始するとなると，（準備した内容の多くは流用可能であるものの）届出書面作成が二度手間となり，手続全体についても当初から正式手続で行った場合よりかえって時間がかかってしまうことになりかねません。

　実際筆者が過去関与した案件で，米国が問題視することは多くないと思われる日本企業による買収で，かつ事業内容に鑑みても比較的判断が容易と思われた案件であっても，小さな懸念点を指摘され，簡易手続で開始したものの結局簡易手続の期間内に終了せず，正式な手続をせざるを得なくなったケースも複数あります。当局は日本企業には比較的厳しくないと言われていますが，それでも簡易手続だけで終了するか否かのところでは比較的厳格な判断をしているようです。

　そのため，判断にも時間がかからず，当局の懸念を生じるような事項が一切ないような，非常にシンプルなケースに限って簡易手続を利用するのがよいように思われます。「感覚」的な判断になりますので，白黒つけられるものではありませんが，特に外部専門家としての経験が求められる点でもあるので，筆者もできるだけ踏み込んだアドバイスをするようにしています。

Q3　費用面はどれくらい？

CFIUSファイリングにかかる費用はどれくらいでしょうか。

当局に支払う手数料に加え，ファイリングの段階での作業だけでなくファイリングするかどうか検討する段階でも法律事務所に支払うリーガルコストも発生します。本項ではCFIUSファイリングに関する費用の目安を概観します。

解説

　CFIUSへのファイリングを行う場合，当局に支払う手数料の他，弁護士費用がかかります。特に米国のリーガルフィーの相場は高額なので，むしろこちらのほうに注意が必要です。

　当局に支払うファイリングフィーは取引価格に応じて$750〜$300,000とされています。例えば取引価格が，$4,000,000だと$750，$500,000,000だと$15,000といった形です。

　これに加え，法律事務所のリーガルフィーを考慮する必要があります。

　まず，当該事案が強制届出に該当するか，該当しなかったとしてもファイリングしたほうがよい案件なのかを分析するのに一定の費用が必要です。起用する事務所にもよりますが，大手の米国事務所ですと分析のみで300万円前後見込んでおくべきです。なお，分析の結果，届出が強制であるか否かは法令で規定されているため必ず明確な回答が得られるようにも思われますが，常にそうとも限りません。なぜなら，強制的なファイリングの対象となるか否かに関する法令上の要件自体非常に専門的かつ技術的な概念が含まれるので，対象会社のマネジメントに確認しても該当するか否かを判断するための明確な回答が得られないことがあるからです。さらに任意のファイリングを推奨するか否かについては，米国事務所もはっきりとした回答をすることが難しく，曖昧な分析結果になることが前提での検討依頼になります。ですので，どちらにしろファイリングをする意向なのであれば費用をかけて分析をしないという選択肢もあるかもしれません。このあたりは「肌感覚」を持つ頼もしい日本の弁護士とも

相談するとよいです。

　では，ファイリングをすると決めた場合，ファイリング書類の準備のための米国の弁護士費用はどれくらい見込んでおけばよいでしょうか。これも事務所により異なりますが，ある程度規模のある事務所の場合，簡易手続で500万円前後，通常の手続で800万円前後の費用が発生すると思われます。また，簡易手続で開始したにもかかわらず結局正式手続に移行した場合には，追加で費用がかかります。

　米国のリーガルフィーは一般的に高めですので，日本側での経験豊かな弁護士等と協力して前もって準備作業を効率的に行い，コストをかけすぎない工夫をすることが有用です。

コラム⑦　～出張時の小さな楽しみ

　弁護士が出張するのは，契約の最終交渉のためであることが多いです。最終交渉は重大局面ですし，日中集中力をもって交渉した後，夜はどちらかの弁護士が交渉結果を契約に反映する作業をするので夜も気を抜けません。すきま時間のない数日の滞在であることが多いですが，それだけに日夜気を抜けない作業が続きます。そのため，到着したら即活動できるよう往路の飛行機でも，気を引き締めて（？）寝なければなりません。そのようなわけで，出発から交渉完了までリラックスタイムはありません。また，帰国後も今度は外部弁護士同士での交渉後のドラフティング作業が佳境に入りますので，大忙しです。そんな中，筆者が一瞬だけ気を抜くことを自分に許していたのが復路の飛行機の待ち時間でした。交渉が決裂してしまった数少ない案件は別として，交渉をやり切って事務所に到着するまでの時間は達成感と安堵の気持ちでとても充実した気持ちになります。筆者にとって飛行機の待ち時間に，当該国の名物を買ってビールを飲むのが至福の瞬間でありました。このときの1杯のおいしさは忘れられません。

［著者紹介］

村田晴香（むらた・はるか）

三浦法律事務所　パートナー　弁護士

2007年	慶應義塾大学法科大学院修了
2008年	長島・大野・常松法律事務所（〜2011年）
2011年	Paul Hastings法律事務所（〜2012年）
2012年	日比谷中田法律事務所（〜2019年）
2016年	Allen & Overy法律事務所 ロンドンオフィス出向
2018年	日比谷中田法律事務所 パートナー（〜2019年）

手続概要と実務のポイントがわかる

クロスボーダー M&A のプロセスと法務

2023年12月15日　第1版第1刷発行

著　者	村　田　晴　香	
発行者	山　本　　　継	
発行所	㈱中央経済社	
発売元	㈱中央経済グループ パブリッシング	

〒101-0051　東京都千代田区神田神保町1-35
電話　03（3293）3371（編集代表）
　　　03（3293）3381（営業代表）
https://www.chuokeizai.co.jp

印刷／文唱堂印刷㈱
製本／㈲井上製本所

© 2023
printed in Japan